SPANISH

Cocina rápida y fácil
POLLO

En una época, el pollo –liviano, delicioso y fácil de preparar– fue un manjar para disfrutar sólo una vez por semana, por mes o por año. Ahora es una comida de todos los días. Disponible fresco o congelado, entero o troceado en presas seleccionadas, cuando compre pollo descubrirá que siempre hay alguna forma de prepararlo que satisface a cada paladar. En este libro le ofrecemos una variedad de recetas para obtener los platillos más ricos, no sólo de pollo sino de pavo, pato, pollito y codorniz.

LA DESPENSA
Salvo que se especifique lo contrario, en este libro se usan los siguientes ingredientes:
Crema   doble, apta para batir
Harina   blanca o común
Azúcar   blanca

¿CUÁNTO MIDE UNA CUCHARADA?
Las recetas de este libro fueron probadas con cucharas de 20 ml. Todas las medidas son al ras. En países donde son más comunes las cucharas de 15 ml, la diferencia será irrelevante en la mayoría de las recetas. En las que llevan polvo para hornear, gelatina, bicarbonato de sodio o pequeñas cantidades de harina o almidón de maíz, conviene añadir una cucharadita a cada una de las cucharadas que se indiquen.

CONTENIDO

SOPAS

Se trate de un consomé cristalino o de una sustanciosa sopa de pollo y vegetales, nada supera a una sopa de pollo hecha en casa. Esta selección de recetas le muestra cuán versátil puede ser la sopa de pollo: siempre hay alguna que satisface a cada paladar.

Sopa de pollo al curry

SOPA DE POLLO AL CURRY

60 g/2 oz de mantequilla
2 cebollas, picadas
2 dientes de ajo, machacados
2 chirivías grandes, picadas
2 tallos de apio, picados
3 cucharadas de harina
1 cucharada de curry en polvo
6 tazas/1 $^1\!/_2$ litro/2 $^1\!/_2$ pt de caldo de pollo
185 g/6 oz de chícharos frescos o congelados
500 g/1 lb de pollo cocido, picado
250 g/8 oz de crema agria
3 cucharadas de perejil, bien picado
2 cucharadas de eneldo fresco, picado

1   Derretir la mantequilla en una olla grande y sofreír las cebollas, el ajo, las chirivías y el apio 5-6 minutos a fuego lento o hasta que las verduras estén apenas tiernas. Agregar, mientras se revuelve, la harina y el curry en polvo y cocinar 1 minuto más.

2   Retirar la olla del fuego e ir incorporando gradualmente el caldo. Cocinar a fuego moderado, revolviendo constantemente, 8-10 minutos o hasta que la sopa hierva y espese. Bajar el fuego, agregar los chícharos y el pollo y cocinar 10 minutos más.

3   Retirar la olla del fuego, verter la crema agria, después agregar mientras se revuelve el perejil y el eneldo. Cocinar a fuego lento, revolviendo a menudo, 3-4 minutos o hasta que la sopa esté caliente. Servir enseguida.

6 porciones

Una sopa sustanciosa a la que sólo es preciso sumarle pan crocante para que sea una comida completa

SOPA CREMOSA DE POLLO

15 g/$^1\!/_2$ oz de mantequilla
1 diente de ajo, finamente picado
8 tazas/2 litros/3 $^1\!/_2$ pt de caldo de pollo
1 kg/2 lb de pollo cocido, finamente picado
2 cucharadas de salsa Worcestershire
2 tazas/500 ml/16 fl·oz de crema
pimienta negra recién molida
4 cucharaditas de perejil fresco, picado
4 cucharaditas de cebollín fresco, cortado con tijera

1   Derretir la mantequilla en una olla grande y sofreír el ajo 2-3 minutos a fuego lento. Agregar el caldo, llevar a hervor y luego bajar el fuego al mínimo, agregar, mientras se revuelve, el pollo y la salsa Worcestershire y cocinar 2-3 minutos.

2   Agregar, revolviendo, la crema y sazonar a gusto con pimienta negra. Incorporar el perejil y el cebollín y cocinar 4-5 minutos a fuego moderado o hasta que la sopa esté caliente.

8 porciones

El pollo cocido permite hacer sopa de pollo rápida y fácilmente. Pero recuerde no cocinar el pollo durante demasiado tiempo después de agregarlo a la sopa o terminará convertido en cordones incomibles.

SOPA DE POLLO Y FIDEOS

4 tazas/1 litro/1 $^3/_4$ pt de caldo de pollo
1 zanahoria, cortada en bastones
1 poro, cortado fino
125 g/4 oz de pollo cocido y picado
90 g/3 oz de fideos redondos al huevo, trozados
pimienta negra recién molida
4 ramitas de cilantro fresco

Un caldo de pollo casero, sabroso y cristalino, con trozos de pollo, verduras y fideos está a kilómetros de distancia de la mayoría de las sopas envasadas que se pueden comprar en las tiendas de comidas.

1   Poner el caldo en una olla grande y llevarlo a hervor. Agregar la zanahoria y el poro, tapar y cocinar a fuego lento 5 minutos o hasta que la zanahoria esté tierna.

2   Incorporar, mientras se revuelve, el pollo y los fideos y cocinar 5-10 minutos o hasta que los fideos estén tiernos. Sazonar a gusto con pimienta negra y servir adornando los platos con ramitas de cilantro.

4 porciones

Sopa de pollo y fideos

aguacate

SOPA DE POLLO Y AGUACATE

15 g/¹/₂ oz de mantequilla
1 cebolla, finamente picada
1 papa grande, cortada en cubos
3 tazas/150 ml/1¹/₄ pt de caldo de pollo
310 g/10 oz de granos de maíz dulce en lata,
escurridos
375 g/12 oz de pollo cocido, picado
pimienta negra recién molida
3 cucharadas de crema o de leche evaporada
1 aguacate, pelado, sin hueso y cortado en
cubos

1   Derretir la mantequilla en una olla grande
y sofreír la cebolla 2-3 minutos o hasta que esté
tierna. Añadir la papa y el caldo, tapar, llevar a
hervor suave y cocinar a fuego lento 10-15
minutos o hasta que la papa esté tierna.

2   Incorporar el maíz, el pollo y pimienta a
gusto y cocinar 5-6 minutos o hasta que la sopa
esté caliente. Verter la sopa en platos
individuales. Agregar, batiendo ligeramente,
la crema o la leche y disponer el aguacate
encima. Servir enseguida.

4 porciones

El pollo y el aguacate
parecen llevarse tan bien
como el pan y la
mantequilla y en ningún
otro platillo lo demuestran
mejor que en esta
sustanciosa sopa. Para un
almuerzo exquisito,
acompañe la sopa con
pan crocante y luego sirva
una ensalada verde mixta.

ENTRADAS

El pollo gusta mucho como entrada de una cena o como bocadillo para cóctel. Las recetas de esta sección pueden servirse, en pequeñas porciones, como primer plato de una cena formal o como bocadillos para una ocasión más informal.

Bocados de pollo con mango

BOCADOS DE POLLO CON MANGO

1 cucharadita de cardamomo molido
2 cucharaditas de comino molido
$^1/_2$ cucharadita de chile en polvo
1 cucharadita de jengibre molido
5 pechugas de pollo deshuesadas, cortadas
en trozos de 2,5 cm/1 in
2 cucharadas de aceite

MOJO DE MANGO
1 taza/315 g/10 oz de chutney de mango
$^1/_4$ taza/60 ml/2 fl oz de crema
1 cucharada de curry en polvo

1   Poner el cardamomo, el comino, el chile en polvo y el jengibre en un tazón y mezclarlos. Agregar los bocados de pollo y hacerlos girar para que se cubran bien con la mezcla de especias. Tapar y dejar marinar a temperatura ambiente 1 hora.

2   Calentar aceite en una sartén y freír el pollo a fuego moderado, removiendo, 5 minutos o hasta que esté cocido. Retirar de la sartén y escurrir sobre papel absorbente.

3   Para hacer el mojo, poner el chutney, la crema y el curry en polvo en una procesadora o licuadora y procesarlos hasta que estén bien mezclados. Servir con los bocados de pollo.

20 porciones como hors d'oeuvre

Para servirlos como entrada en una cena formal, puede disponer los bocados de pollo sobre un colchón de hojas de lechuga mezcladas con rodajas de mango natural o en lata. El mojo de mango puede servirse en tazones individuales, ubicados al costado de cada plato.

ARROLLADITOS DE POLLO
A LA ORIENTAL

15 g/ $^1/_2$ oz de hongos chinos secos
agua hirviente
4 cebollas de rabo, picadas
60 g/2 oz de chícharos frescos o congelados
pimienta negra recién molida
2 pechugas de pollo deshuesadas, cortadas
a lo largo en 12 tiras
12 hojas de papel de arroz, cortadas
por la mitad
abundante aceite para freír

SALSA DE CIRUELAS
$^1/_2$ taza/125 ml/4 fl oz de salsa de ciruelas
2 cucharadas de agua
2 cucharadas de pepino finamente picado

1   Poner los hongos en un tazón y cubrirlos con agua hirviente. Dejar que se remojen 20 minutos o hasta que estén tiernos. Escurrir, sacar los cabitos y picar los hongos.

2   Poner los hongos, las cebollas de rabo y los chícharos en un tazón y mezclarlos. Sazonar a gusto con pimienta negra.

3   Colocar una tira de pollo y 2 cucharaditas de la mezcla de hongos en la esquina de cada hoja de papel, doblar los extremos hacia adentro y enrollar. Sellar usando un poco de agua. Calentar aceite en una sartén grande y freír 3-4 arrolladitos por vez 2-3 minutos, cuidando que no se doren. Retirar los arrolladitos de la sartén y escurrir sobre papel absorbente.

24 unidades

4   Para hacer la salsa, poner la salsa de ciruelas, el agua y el pepino en un tazón y mezclar bien. Servir la salsa con los arrolladitos calientes.

Los hongos chinos secos se consiguen en tiendas de alimentos orientales. Son bastante caros, pero se conservan indefinidamente. Como su sabor es muy fuerte, sólo se utilizan en pequeñas cantidades.

PATO CON SALSA DE CEREZAS

2 cucharadas de harina sazonada
1 cucharadita de especias surtidas en polvo
750 g/1 ½ lb de pechugas de pato deshuesadas
abundante aceite para freír

SALSA DE CEREZAS
1 cucharada de azúcar
375 g/12 oz de cerezas en lata, escurridas
⅓ taza/90 ml/3 fl oz de vino tinto
¼ cucharadita de especias surtidas en polvo

Los bocados de pato especiados y crocantes son aun más deliciosos cuando se mojan en salsa de cerezas.

10 porciones como hors d'oeuvre

1   Poner la harina y las especias surtidas en una bolsa de plástico apta para alimentos y sacudir para mezclar. Incorporar el pato y sacudir para que todas las presas queden cubiertas.

2   Calentar aceite en una sartén grande y freír el pato por tandas 3-4 minutos o hasta que esté cocido y dorado. Escurrir sobre papel absorbente.

3   Para hacer la salsa, poner el azúcar, las cerezas, el vino tinto y las especias surtidas en una olla. Llevar a hervor y después cocinar a fuego lento, con la olla destapada, 15 minutos. Tamizar la mezcla de cerezas, poner la salsa tamizada en una olla limpia y calentar a fuego lento 3-4 minutos o hasta que esté caliente. Servirla tibia para mojar el pato caliente

POLLO AL CHILE CON SALSA DE CURRY

6 pechugas de pollo deshuesadas,
cortadas en trozos de 2,5 cm/1 in
⅓ taza/90 ml/3 fl oz de aceite
2 cucharadas de páprika
½ cucharadita de chile en polvo
abundante aceite para freír

SALSA DE CURRY
1 cucharada de aceite
1 cebolla, finamente picada
2 cucharaditas de curry suave en polvo
1 cucharada de harina
1 ¼ taza/315 ml/10 fl oz de leche
2 cucharadas de chutney de mango
pimienta negra recién molida

Los trozos de pollo con rebozo de chile son deliciosos para acompañar tragos o como bocadillos.

10 porciones como hors d'oeuvre

1   Poner el pollo, el aceite, la páprika y el chile en polvo en un tazón y mezclarlos. Tapar y dejar marinar 1 hora.

2   Calentar el aceite en una sartén grande y freír el pollo por tandas 3-4 minutos o hasta que esté dorado y cocido. Escurrir sobre papel absorbente.

3   Para hacer la salsa, calentar aceite en una sartén y sofreír la cebolla 4-5 minutos o hasta que esté tierna. Agregar el curry en polvo y cocinar 2 minutos. Incorporar la harina y cocinar, removiendo, 1 minuto más. Agregar la leche poco a poco, mientras se revuelve, y llevar a hervor a fuego moderado, revolviendo constantemente. Cocinar 2-4 minutos o hasta que la salsa espese, después bajar la llama y cocinar a fuego lento 5 minutos más. Agregar el chutney mientras se revuelve y sazonar a gusto con pimienta negra. Servir la salsa tibia para mojar el pollo caliente.

ROLLITOS DE BEICON Y HONGOS

60 g/2 oz de mantequilla
1 cebolla, finamente picada
185 g/6 oz de beicon picado
500 g/1 lb de hígados de pollo,
pelados y picados
250 g/8 oz de hongos, picados
1/2 taza/125 ml/4 fl oz de caldo de pollo
2 yemas ligeramente batidas
1/2 cucharadita de hierbas secas surtidas
pimienta negra recién molida
4 hojas de masa filo
1 clara
abundante aceite para freír

1 Derretir la mantequilla en una sartén grande y sofreír la cebolla 2-3 minutos o hasta que esté tierna. Incorporar el beicon y cocinar 3-4 minutos más. Agregar, mientras se revuelve, los hígados de pollo y cocinar, removiendo, 3 minutos o hasta que los hígados cambien de color. Incorporar los hongos y cocinar 3 minutos más.

2 Agregar el caldo mientras se revuelve, llevar a hervor y cocinar a fuego lento 5 minutos o hasta que todo el caldo se haya evaporado. Retirar la sartén del fuego y dejar que se enfríe 10 minutos.

3 Unir las yemas, las hierbas surtidas y pimienta negra a gusto con la preparación de hígados de pollo. Poner la mezcla en una procesadora y procesar hasta que adquiera una textura gruesa. Tener cuidado de que no se convierta en puré.

4 Cortar la masa filo en veinticuatro cuadrados de 15cm/6 in. Poner en cada uno 2 cucharaditas de la mezcla de hígados de pollo, doblar los bordes hacia adentro y enrollar como arrolladitos primavera. Sellar los bordes con un poco de clara.

5 Calentar el aceite en una sartén grande y freír 3-4 rollitos por vez 2-3 minutos o hasta que estén dorados. Retirar de la sartén y escurrir sobre papel absorbente.

24 unidades

*Pato con salsa de cerezas,
Rollitos de beicon y hongos,
Pollo al chile con salsa de curry*

Estos rollitos crocantes rellenos de hígados de pollo y hongos pueden prepararse con antelación, dejando la cocción final para el momento previo a servirlos. Servir con salsa de chile y salsa de soja para mojarlos.

SATAY DE POLLO

4 pechugas de pollo deshuesadas, cortadas en
cubos de 2 cm/¼ in

MARINADA SATAY
½ taza/125 ml/4 fl oz de agua
2 cucharadas de mantequilla de cacahuate
1 cucharada de miel
1 cucharada de salsa de soja
2 cucharadas de jugo de limón
1 cucharadita de pasta de chile (sambal oelek)
1 cucharadita de jengibre fresco rallado
1 cebolla finamente picada

Uno de los platillos asiáticos
más populares, estos satay
de pollo desaparecerán
apenas los sirva.

aproximadamente 20 pinchos

1 · Para hacer la marinada, poner el agua, la
mantequilla de cacahuate, la miel, la salsa de
soja, el jugo de limón, la pasta de chile (sambal
oelek), el jengibre y la cebolla en un tazón y
mezclarlos.

2 Incorporar el pollo a la marinada, cubrirlo
bien con el líquido, tapar y refrigerar por lo
menos 2 horas, o durante toda la noche. Sacar
el pollo de la marinada y reservar el líquido.
Ensartar 2 trozos de pollo en palillos de madera
y cocinarlos en el grill precalentado 5 minutos
o hasta que estén cocidos.

3 Poner en una olla la marinada que se
reservó y llevarla a hervor. Bajar el fuego
y cocinar a fuego lento 10 minutos o hasta que
la marinada se reduzca y espese ligeramente.
Servir caliente para mojar el pollo.

Satay de pollo

POLLO ESPECIADO A LA INDIA

8 pechugas de pollo deshuesadas,
cortadas en cubos de 2,5 cm/1 in
1 taza/200 g/6 ¹/₂ oz de yogur natural
1 diente de ajo, machacado
1 cucharadita de jengibre fresco rallado
¹/₂ cucharadita de garam masala
¹/₄ cucharadita de cúrcuma
¹/₄ cucharadita de comino
1 cucharada de cilantro fresco picado
pimienta negra recién molida

MOJO DE PEPINO Y CILANTRO
¹/₂ pepino, rallado y escurrido
1 cucharada de cilantro fresco, picado
¹/₂ taza/100 g/3 ¹/₂ oz de yogur natural
¹/₄ taza/60 ml/2 fl oz de crema
pimienta negra recién molida

1   Poner el pollo, el yogur, el ajo, el jengibre, el garam masala, la cúrcuma, el comino, el cilantro y pimienta negra a gusto en un tazón y mezclarlos. Tapar y refrigerar por lo menos 4 horas o toda la noche.

2   Sacar los cubos de pollo de la mezcla de yogur y ponerlos en una sola capa sobre una asadera ligeramente aceitada. Cocinar en el grill precalentado 5 minutos o hasta que los cubos estén cocidos. Ensartar 1 o 2 cubos de pollo en palillos de madera.

3   Para hacer el mojo, extraer el exceso de líquido del pepino. Poner el pepino, el cilantro, el yogur, la crema y pimienta molida a gusto en un tazón y mezclarlos. Servir con el pollo para mojarlo.

8 porciones

En lugar de cortar las pechugas de pollo en cubos, marínelas enteras, después cocínelas en el grill y sírvalas con arroz y ensalada; tendrá un sabroso platillo.

PLATOS PRINCIPALES

Al grill, a la cacerola, frito, al horno o asado, el pollo es un alimento que le gusta a toda la familia. A los cocineros les encanta porque es fácil y rápido de preparar, puede servirse solo o aderezado y combina con muchos sabores diferentes. Sin duda estas recetas para los paladares más variados le darán muchas ideas nuevas.

PIERNAS DE POLLO CON QUESO FETA

30 g/1 oz de mantequilla
1 diente de ajo, machacado
1 atado de espinaca, cortada en fina juliana
2 lonjas de jamón, finamente picadas
125 g/4 oz de queso feta,
cortado en trozos pequeños
1 cucharadita de coriandro molido
3 cucharaditas de nuez moscada molida
pimienta negra recién molida
12 piernas de pollo
2 cucharadas de aceite de oliva

6 porciones

1   Derretir la mantequilla en una sartén y cocinar el ajo a fuego moderado 1 minuto. Incorporar, revolviendo, la mitad de la espinaca y cocinar 3-4 minutos o hasta que se ablande. Retirarla de la sartén y reservarla. Cocinar del mismo modo el resto de la espinaca.

2   Poner la espinaca, el jamón, el queso feta, el coriandro, 1 cucharadita de nuez moscada y pimienta negra a gusto en un tazón y mezclar bien. Separar con cuidado la piel de la pierna de pollo para formar un bolsillo. Poner una cucharada de la mezcla de espinaca en el bolsillo y volver a acomodar la piel. Repetir el procedimiento con las demás piernas de pollo. Pincelarlas con aceite, esparcir encima la nuez moscada sobrante y ponerlas en una placa de horno. Hornear 30 minutos o hasta que las piernas estén totalmente cocidas.

Temperatura del horno
180ºC, 350ºF, Gas 4

Estas piernas son tan ricas calientes como frías. Si le sobran, a su familia le encantará comerlas a la hora del almuerzo en sus diversas actividades. Cocinadas el día anterior, son perfectas para picnic.

CURRY DE COCO

1 cucharada de aceite
4 pechugas de pollo deshuesadas,
sin piel y cortadas por la mitad
2 cebollas, cortadas en octavos
2 dientes de ajo, picados
2 cucharadas de curry en pasta
1 ¹/₂ taza/375 ml/12 fl oz de agua
3 papas, cortadas en cubos
3 zanahorias, cortadas en láminas
2 tallos frescos de hierba limón, machacados,
o 1 cucharadita de cáscara de limón
finamente rallada
1 cucharada de almidón de maíz
¹/₂ taza/125 ml/4 fl oz de leche de coco

1   Calentar el aceite en una olla grande y dorar el pollo 3-4 minutos o hasta que tome color de ambos lados. Retirarlo de la olla y reservarlo. Poner las cebollas y el ajo en la olla y sofreír a fuego moderado 4-5 minutos o hasta que las cebollas estén tiernas. Incorporar revolviendo el curry en pasta y cocinar 1 minuto más.

2   Poner de nuevo el pollo en la olla y agregar, mientras se revuelve, el agua, las papas, las zanahorias y la hierba limón o la cáscara de limón rallada. Llevar a hervor, luego bajar el fuego, tapar y cocinar a fuego lento 30 minutos o hasta que el pollo y las verduras estén tiernos.

3   Unir, batiendo, el almidón de maíz y la leche de coco. Incorporar la mezcla a la olla, mientras se revuelve, y cocinar a fuego moderado, revolviendo, 4-5 minutos o hasta que el curry hierva y espese. Cocinar 3 minutos más. Justo antes de servir, sacar los tallos de hierba limón.

Si no consigue leche de coco en lata, puede prepararla con coco deshidratado y agua. Para hacerla, ponga 500 g/1 lb de coco deshidratado en un tazón y échele encima 3 tazas/730 ml/1 ¹/₄ pt de agua hirviente. Deje descansar 30 minutos y después cuele, presionando el coco para extraer todo el líquido que sea posible. Obtendrá una leche de coco espesa. El coco puede usarse nuevamente para hacer otra más liviana.

Piernas de pollo con queso feta   **4 porciones**

POLLO RELLENO CON ARROZ

Temperatura del horno
180°C, 350°F, Gas 4

Para averiguar cuándo un ave está cocida, clave un pincho en la parte más gruesa del muslo; al sacarlo, el jugo debe salir translúcido. Si el jugo tiene un tinte rosado, vuelva a poner el ave en el horno y cocínela 15 minutos más. Cuando termine la cocción de un ave entera, déjela descansar 10-20 minutos en un ambiente cálido antes de cortarla. Esto la hace más tierna, porque permite que los jugos se asienten en la carne.

1 pollo de 1 ¹/₂ kg/3 lb, limpio
4 lonjas de beicon, picadas
2 cebollas de rabo, picadas
2 cucharaditas de curry en polvo
³/₄ taza/170 g/5 ¹/₂ oz de arroz de grano largo, cocido
1 taza/60 g/2 oz de pan duro molido
1 cucharada de aceite de oliva

SALSA DE HONGOS
30 g/1 oz de mantequilla
1 cebolla, picada
1 pimiento verde, picado
125 g/4 oz de hongos, cortados en láminas
440 g/14 oz de jitomates en lata, hechos puré con su jugo
2 cucharadas de extracto de jitomate
3 cucharadas de vino tinto
1 cucharada de azúcar
¹/₂ taza/125 ml/4 oz de agua
pimienta negra recién molida

4 porciones

1   Con papel absorbente, secar el pollo por dentro y por fuera. Cocinar el beicon, las cebollas y el curry en polvo en una sartén a fuego moderado 2-5 minutos o hasta que el beicon esté crocante. Sacar la sartén del fuego y agregar, mientras se revuelve, el arroz y el pan molido.

2   Rellenar la cavidad del pollo con la preparación de arroz y cerrar la abertura con pinchos de metal o de bambú. Acomodar las alas bajo el cuerpo y atar las piernas juntas. Poner el pollo con la pechuga hacia arriba en una asadera. Pincelar con aceite y hornear, rociando a menudo con el jugo de cocción, 1 ¹/₂ hora o hasta que el pollo esté cocido.

3   Para hacer la salsa, derretir la mantequilla en una cacerola y sofreír la cebolla, el pimiento verde y los hongos 2-3 minutos. Incorporar mientras se revuelve los jitomates, el extracto de jitomate, el vino, el azúcar, el agua y pimienta negra a gusto. Cocinar a fuego moderado, revolviendo constantemente, 10-15 minutos o hasta que la salsa se reduzca un cuarto. Servir la salsa con el pollo.

POLLO CON MAÍZ

Temperatura del horno
180°C, 350°F, Gas 4

Servir este sustancioso pollo con maíz aromatizado al comino sobre un colchón de arroz hervido y acompañar con hortalizas verdes, como chícharos, espárragos o espinaca.

1 cucharada de aceite de oliva
2 cebollas, picadas
2 cucharaditas de comino molido
4 muslos de pollo
4 piernas de pollo
1 taza/250 ml/8 fl oz de vino blanco seco
1 taza/250 ml/8 fl oz de caldo de pollo
1 taza/250 ml/8 fl oz de crema
315 g/10 oz de granos de maíz dulce en lata, escurridos

4 porciones

1   Calentar el aceite en una sartén grande y sofreír las cebollas y el comino a fuego moderado 4-5 minutos o hasta que las cebollas estén tiernas. Incorporar el pollo y cocinar 8-10 minutos más o hasta que esté dorado por todos lados. Trasladar las cebollas y el pollo a una fuente honda de vidrio térmico o de cerámica.

2   Quitar el aceite de la sartén e incorporar el vino. Llevarlo a hervor, revolviendo y raspando para desprender los trocitos que hayan quedado adheridos a la base de la sartén. Hervir 4-5 minutos o hasta que el vino se reduzca a la mitad.

3   Agregar al vino, mientras se revuelve, el caldo, la crema y el maíz y cocinar 5 minutos más. Verter la mezcla de vino sobre el pollo, tapar y hornear 45-60 minutos o hasta que el pollo esté cocido.

Pollo relleno con arroz

ROLLITOS DE POLLO Y ALMENDRAS

4 pechugas de pollo deshuesadas y sin piel
abundante aceite para freír

REBOZO DE PAN MOLIDO
2 huevos
$^1/_3$ taza/90 ml/3 fl oz de leche
$^1/_2$ taza/60 g/2 oz de harina sazonada
2 tazas/125 g/4 oz de pan duro molido

MANTEQUILLA A LAS HIERBAS
185 g/6 oz de mantequilla, ablandada
60 g/2 oz de almendras, picadas
2 cucharaditas de mostaza francesa
1 cucharada de perejil fresco, picado
1 cucharada de cebollín fresco,
cortado con tijera
pimienta negra recién molida

No permita que el aceite
se caliente demasiado
cuando fría estos rollitos,
pues si no el rebozo se
tostará antes de que el
pollo esté cocido.

1   Para hacer la mantequilla a las hierbas,
poner la mantequilla, las almendras, la
mostaza, el perejil, el cebollín y pimienta negra
a gusto en un tazón y mezclar bien. Dividir
en cuatro porciones y formar cilindros
de 10 cm/4 in de largo. Envolverlos en film
y refrigerar hasta que estén firmes.

2   Colocar las pechugas entre dos hojas de
film y aplastarlas con un palo de amasar. Tener
cuidado de no perforar las pechugas, ya
que la mantequilla se puede derramar durante
la cocción.

3   Poner un cilindro de mantequilla en el
centro de cada pechuga de pollo. Doblar hacia
adentro los extremos más cortos de las
pechugas, luego enrollarlas para cubrir
totalmente la mantequilla. Cerrar con palillos.

4   Para empanar los rollitos, poner los huevos
y la leche en un tazón pequeño y batir para
unir bien. Pasar la mezcla a un plato poco
profundo. Poner el pan molido y la harina
en platos diferentes. Pasar los rollitos de pollo
por harina, luego bañarlos en la mezcla de
huevo y leche y después pasarlos por el pan
molido. Pasarlos nuevamente por huevo y pan
molido. Colocar los rollitos en un plato,
cubrirlos con film y refrigerar 1 hora.

5   Calentar aceite en una sartén grande y freír
los rollitos 5-8 minutos o hasta que estén
dorados y totalmente cocidos.

4 porciones

Rollitos de pollo y almendras

POLLO AL HORNO CON FRIJOLES

1 lonja de beicon, picado
1,5 kg/3 lb de presas de pollo sin piel
2 cebollas, picadas
1 diente de ajo, machacado
$^1/_2$ taza/125 ml/4 fl oz de caldo de pollo
$^1/_3$ taza/90 ml/3 fl oz de vino blanco
1 cucharadita de hierbas secas surtidas
1 cucharadita de azúcar
440 g/14 oz de jitomates en lata, hechos puré con su jugo
315 g/10 oz de frijoles de Lima o frijoles de manteca en lata, escurridos

1 Cocinar el beicon en una sartén, a fuego moderado, 2-3 minutos o hasta que esté crocante. Retirarlo y limpiar la sartén con papel absorbente.

2 Cocinar el pollo en la sartén 5-8 minutos o hasta que esté dorado por todos lados. Pasarlo a una fuente honda de vidrio térmico o de cerámica.

3 Incorporar las cebollas y el ajo a la sartén y sofreír 2-3 minutos o hasta que las cebollas estén tiernas. Distribuir la mezcla de cebollas y el beicon sobre las presas de pollo.

4 Agregar a la sartén, mientras se revuelve, el caldo, el vino, las hierbas, el azúcar y los jitomates y hacerlos hervir a fuego moderado. Cocinar, revolviendo de vez en cuando, hasta que la mezcla se reduzca y espese. Incorporar los frijoles y verter la mezcla sobre el pollo. Tapar la fuente y hornear 45-60 minutos o hasta que el pollo esté cocido.

6 porciones

Temperatura del horno
200ºC, 400ºF, Gas 6

Cuando cocine presas de ave, recuerde que la pechuga se cocina más rápido que las piernas y los muslos. Si cocina las piernas y los muslos 10 minutos antes de incorporar las pechugas, todas las presas se cocinarán parejas.

Pollo al horno con frijoles

PATO GLASEADO A LA MIEL

Temperatura del horno
180°C, 350°F, Gas 4

Por lo general, un pato de 2,5 kg/5 lb alcanza para 4 personas. Pinche la piel del pato antes de cocinarlo y acomódelo en una rejilla apoyada sobre una asadera, para que la grasa del ave se escurra durante la cocción

Pato glaseado a la miel

1 pato de 2,5 kg/5 lb, limpio
2 cebollas, cortadas por la mitad
5 ramitas de perejil fresco

GLASEADO DE MIEL
3 cucharadas de miel
1 cucharada de mostaza suave
$^1/_4$ taza/60 ml/2 fl oz de jerez seco

1   Para hacer el glaseado, poner la miel y la mostaza en una olla pequeña y cocinar a fuego moderado, revolviendo, hasta que la miel se derrita. Incorporar el jerez, mientras se revuelve, y llevar a hervor; bajar el fuego y cocinar a fuego lento 2 minutos. Retirar y reservar.

2   Poner las cebollas y el perejil en la cavidad del pato y cerrar la abertura con pinchos de metal o de bambú. Acomodar las alas debajo del cuerpo y atar las piernas juntas. Poner el ave con la pechuga hacia arriba sobre una rejilla de metal apoyada sobre una asadera. Pincelar el pato con el glaseado y hornear, dándolo vuelta varias veces, 1 hora o hasta que esté cocido.

4 porciones

Pollito con aceitunas negras

POLLITO CON ACEITUNAS NEGRAS

2 pollitos de 500 g/1 lb cada uno
2 cucharadas de aceite de oliva
1 cucharadita de pimienta negra partida
2 cucharaditas de hierbas secas surtidas

RELLENO DE ACEITUNAS NEGRAS
60 g/2 oz de mantequilla
4 cebollas de rabo, finamente picadas
6 lonjas de beicon, finamente picadas
90 g/3 oz de aceitunas negras, deshuesadas
y picadas
1 taza/60 g/2 oz de pan duro molido
1 cucharada de tomillo fresco picado
o 1 cucharadita de tomillo seco

2 porciones

1   Para hacer el relleno, derretir la
mantequilla en una sartén y sofreír las cebollas
de rabo y el beicon a fuego moderado
2 minutos. Retirar la sartén del fuego, agregar
las aceitunas, el pan molido y el tomillo
y mezclarlos bien.

2   Llenar la cavidad de cada pollito con
el relleno y cerrar la abertura con pinchos
de metal o de bambú. Acomodar las alas bajo
el cuerpo de las aves, atar las piernas juntas
y poner en una asadera.

3   Pincelar las aves con aceite, esparcir
encima la pimienta negra y las hierbas
y hornear 45-60 minutos o hasta que las aves
estén cocidas.

Temperatura del horno
180ºC, 350ºF, Gas 4

Un pollito es un pollo
pequeño que pesa entre
500-900 g/1-2 lb. Tiene
carne delicada y es
delicioso al horno, al grill, a
la cacerola o asado. Por lo
general, cada pollito rinde
una porción.

19

PATO CON ARÁNDANOS

En esta receta se usan arándanos, pero en lugar de ellos pueden utilizarse otros frutos del bosque.

2 cucharadas de aceite
4 pechugas de pato con piel
3 cucharadas de vinagre balsámico
o vinagre de vino
$^1/_4$ cucharadita de canela molida
4 cucharadas de arándanos frescos
pimienta negra recién molida

FLORES DE CALABACITAS
$^3/_4$ taza/90 g/3 oz de harina
1 taza/250 ml/8 fl oz de agua
abundante aceite para freír
12 flores de calabacitas

En Italia, las flores de calabacita se usan de muchas maneras. Pueden rebozarse con pasta y freírse, rellenarse y después freírse o usarse en risotto. Si no las consigue, no deje de preparar este platillo; el pato queda igualmente rico si se lo sirve con algún vegetal verde como espárragos, ejotes o calabacitas.

1   Calentar el aceite en una sartén grande y sofreír el pato a fuego lento, con la piel hacia abajo, 4-5 minutos o hasta que la piel esté dorada. Dar vuelta y cocinar del otro lado 3-4 minutos.

2   Incorporar el vinagre, la canela, los arándanos y pimienta negra a gusto. Tapar y cocinar a fuego lento 15 minutos o hasta que el pato esté tierno.

3   Para preparar las flores, agregar poco a poco, cerniéndola, la harina al agua y mezclar con un tenedor hasta lograr una pasta lisa. Si es necesario, agregar más agua. Verter 2,5 cm/1 in de aceite en una sartén y ponerla al fuego hasta que el aceite esté muy caliente. Pasar las flores por la pasta y freír pocas a la vez en el aceite hasta que se doren.

4   Para servir, disponer el pato y las flores en una fuente y distribuir la salsa de arándanos sobre las presas de pato.

4 porciones

POLLO AL MARSALA

4 pechugas de pollo deshuesadas
3 cucharadas de harina sazonada
30 g/1 oz de mantequilla
2 cucharadas de aceite de oliva
$^3/_4$ taza/185 ml/6 fl oz de marsala seco o jerez
$^1/_3$ taza/90 ml/3 fl oz de caldo de pollo
30 g/1 oz de mantequilla, ablandada
pimienta negra recién molida

Para reducir el espesor de pechugas de pollo, póngalas entre dos hojas de film y aplástelas con un palo de amasar; tenga cuidado de no perforarlas. Este método evita que las pechugas se peguen al utensilio que se emplee para aplanarlas.

1   Rebozar el pollo con harina y descartar el excedente. Calentar la mantequilla y el aceite en una sartén grande, hasta que la mantequilla se ponga espumosa. Incorporar el pollo y dorar 3 minutos de cada lado.

2   Agregar, revolviendo, el marsala o el jerez, llevar a hervor, bajar el fuego y cocinar a fuego lento 15 minutos o hasta que el pollo esté cocido. Retirar el pollo y reservarlo al calor. Verter el caldo en la sartén, llevar a hervor y hervir 2 minutos. Agregar, mientras se revuelve vigorosamente, la mantequilla ablandada y sazonar a gusto con pimienta negra. Para servir, distribuir la salsa sobre el pollo

4 porciones

Codornices con arroz y aceitunas negras,
Pato con arándanos, Pollo al marsala

CODORNICES CON ARROZ Y ACEITUNAS NEGRAS

¿Cómo se comen las codornices? Con la mano. Así como se admite comer espárragos con la mano, tampoco se considera mala educación en el caso de las codornices. En rigor, comer codornices de cualquier otra forma es muy difícil y se desaprovecha gran parte de su deliciosa carne.

1 cucharada de aceite de oliva
30 g/1 oz de mantequilla
2 cebollas, picadas
2 dientes de ajo, machacados
8 codornices
5 hojas de salvia fresca
3 cucharaditas de romero fresco, picado,
o 1 cucharadita de romero seco
pimienta negra recién molida
1 ¹/₄ taza/315 ml/10 fl oz de jerez seco

ARROZ CON ACEITUNAS NEGRAS
375 g/12 oz de arroz cocido
60 g/2 oz de mantequilla en trocitos
6 lonjas de mortadela, picadas
90 g/3 oz de aceitunas negras,
deshuesadas y picadas
3 cucharadas de queso parmesano molido
3 cucharadas de albahaca fresca, picada

1   Calentar el aceite y la mantequilla en una sartén y sofreír las cebollas y el ajo a fuego lento 3 minutos o hasta que las cebollas estén tiernas.

2   Agregar las codornices y cocinar a fuego vivo hasta que estén doradas por todos lados. Incorporar la salvia, el romero y pimienta negra a gusto.

3   Verter el jerez, mientras se revuelve, llevar a hervor, después bajar la llama y cocinar a fuego lento 20 minutos o hasta que las codornices estén cocidas.

4   Para preparar el arroz, poner el arroz, la mantequilla, la mortadela y las aceitunas en una olla y cocinar a fuego lento, revolviendo, 4-5 minutos, hasta que la mantequilla se derrita y la preparación esté caliente. Mezclar con el queso parmesano y la albahaca. Para servir, dividir el arroz en cuatro porciones, ponerlo en los platos, colocar arriba las codornices y distribuir encima un poco del jugo de cocción.

4 porciones

SALTEADO A LA ORIENTAL

Un platillo oriental rápido y fácil, con una combinación de sabores que sin duda gustará a todos. Sírvalo con arroz hervido o fideos y tendrá una comida completa.

2 cucharadas de aceite
2 cebollas, cortadas en octavos
1 diente de ajo, machacado
1 cucharadita de jengibre fresco, molido
8 pechugas de pollo deshuesadas
¹/₄ cucharadita de comino molido
¹/₄ cucharadita de coriandro molido
3 cucharadas de salsa de ostras
1 cucharadita de aceite de ajonjolí
125 g/4 oz de brócoli, cortado en ramilletes
125 g/4 oz de comelotodos pelados
1 cucharada de semillas de ajonjolí

1   Calentar el aceite en una sartén o wok y sofreír las cebollas, el ajo y el jengibre 2-3 minutos o hasta que las cebollas estén tiernas. Retirar de la sartén y reservar.

2   Agregar el pollo a la sartén y dorar 3-4 minutos o hasta que cambie de color. Poner el comino, el coriandro, la salsa de ostras y el aceite de ajonjolí en un tazón pequeño, mezclar bien y luego agregar, revolviendo, a la sartén. Colocar de nuevo la mezcla de cebollas en la sartén, agregar el brócoli y los comelotodos y cocinar 3-4 minutos o hasta que ambos estén tiernos. Esparcir las semillas de ajonjolí sobre el pollo y servir enseguida.

4 porciones

POLLO CON CHUTNEY DE HIERBAS

1 pollo de 1,5 kg/3 lb
60 g/2 oz de mantequilla, derretida
2 dientes de ajo, machacados

RELLENO DE CHUTNEY

2 cucharadas de hierbas frescas surtidas, como
perejil, cebollín, romero, tomillo y orégano
125 g/4 oz de queso parmesano molido
2 cucharadas de chutney de frutas
1 huevo, apenas batido
1 taza/60 g/2 oz de pan seco molido
90 g/3 oz de mantequilla, derretida

1   Para preparar el relleno, poner las hierbas, el queso parmesano, el chutney, el huevo, el pan molido y la mantequilla en un tazón y mezclarlos bien. Llenar la cavidad del pollo con el relleno y cerrar la abertura con pinchos de metal o de bambú.

2   Acomodar las alas debajo del cuerpo del pollo y atar las piernas juntas. Poner el ave con la pechuga hacia arriba en una asadera. Mezclar la mantequilla con el ajo, pincelar el pollo y hornearlo, dándole varias vueltas, 1-1 ½ hora o hasta que esté cocido.

4 porciones

Temperatura del horno
180ºC, 350ºF, Gas 4

Cuando haga el relleno, duplique las cantidades y cocine el resto en una fuente, para servirlo como extra junto con el pollo. O úselo para rellenar vegetales como jitomates o pimientos verdes y rojos. La cocción de los vegetales llevará 20-30 minutos y puede hornearlos junto con el pollo.

Pollo con chutney de hierbas

PASTEL DE POLLO Y PIMIENTOS

Temperatura del horno
180°C, 350°F, Gas 4

Un pastel de pollo distinto. La masa de polenta tiene una textura deliciosamente diferente y el relleno no se parece a ningún otro que haya probado. Para una comida completa, sírvalo con ensalada mixta de lechuga, jitomate y aceitunas aderezada con una vinagreta suave.

MASA DE POLENTA

1 ¹/₂ taza/375 g/12 oz de harina
¹/₃ taza/60 g/2 oz de polenta
155 g/5 oz de mantequilla en trozos
1 huevo, apenas batido
¹/₂ taza/125 ml/4 fl oz de agua

RELLENO DE PIMIENTO Y POLLO

1 cucharada de aceite de oliva
500 g/1 lb de espinaca congelada, descongelada
2 dientes de ajo, machacados
30 g/1 oz de piñones
5 lonjas de prosciutto o jamón picadas
3 pechugas de pollo escalfadas y picadas
2 pimientos en lata o ¹/₂ pimiento rojo, cortado en tiras
3 huevos, apenas batidos
1 taza/250 ml/8 fl oz de crema
pimienta negra recién molida

1 Para hacer la masa, poner la harina, la polenta y la mantequilla en una procesadora y procesar hasta que se formen migas. Mientras la procesadora sigue funcionando, agregar primero el huevo y después el agua por cucharadas hasta que se forme un bollo. Poner la masa sobre una superficie apenas enharinada y amasar ligeramente. Envolver en film y refrigerar 30 minutos.

2 Para hacer el relleno, calentar aceite en una sartén grande y cocinar la espinaca, el ajo, los piñones y el prosciutto o el jamón a fuego moderado 4-5 minutos, hasta que los piñones estén dorados. Trasladar la mezcla a un tazón y dejar que se enfríe por completo. Agregar el pollo, el pimiento en lata o rojo, los huevos, la crema y pimienta negra a gusto y mezclar bien.

3 Sobre una superficie ligeramente enharinada estirar dos tercios de la masa de polenta; forrar la base y los costados de un molde profundo para pastel de 23 cm/9 in de diámetro. Cortar los bordes con un cuchillo bien afilado. Colocar el relleno dentro del pastel. Estirar el resto de la masa y cubrir la parte superior del pastel. Pincelar los bordes con agua y presionar para sellarlos, luego recortarlos y con los dedos dar una terminación decorativa. Hacer dos cortes en la parte superior del pastel para que salga el vapor. Hornear 45 minutos o hasta que la masa esté dorada.

8 porciones

Pastel de pollo y pimientos

ARROLLADOS DE POLLO AL HORNO

6 pechugas de pollo deshuesadas y sin piel
3 lonjas de beicon
1 cucharada de perejil fresco, picado
60 g/2 oz de mantequilla
2 cebollas, picadas
2 zanahorias, ralladas
8 hojas de espinaca
pimienta negra recién molida
3 papas, cocidas
$^1/_2$ taza/125 ml/4 fl oz de agua

1 Poner las pechugas entre dos hojas de film y aplastarlas con un palo de amasar. Quitar el pellejo del beicon y cortar cada lonja por la mitad. Poner un trozo de beicon sobre cada pechuga y esparcir perejil encima. Doblar hacia el centro los extremos más cortos de las pechugas, después enrollarlas y asegurarlas con palillos.

2 Derretir la mitad de la mantequilla en una sartén grande y cocinar los arrollados de pollo 8-10 minutos o hasta que se doren por todos lados. Sacarlos de la sartén y reservarlos.

3 Derretir el resto de la mantequilla en la sartén y cocinar las cebollas y las zanahorias, removiendo, 5 minutos o hasta que las zanahorias estén tiernas. Agregar la espinaca y cocinar, removiendo, 2-3 minutos más o hasta que se ablande. Sazonar a gusto con pimienta negra.

4 Cortar las papas en rodajas gruesas y ponerlas en la base de una fuente honda de vidrio térmico o de cerámica. Agregar la mezcla de vegetales y acomodar encima los arrollados de pollo. Verter el agua, tapar y hornear 35-40 minutos o hasta que los arrollados de pollo estén cocidos.

6 porciones

Temperatura del horno
180°C, 350°F, Gas 4

Los arrollados de pollo rellenos con beicon y perejil son una comida completa cuando se los acompaña con vegetales y se los cocina en una fuente térmica honda con tapa. Servir con panecillos crocantes o con pan de ajo.

Arrollados de pollo al horno

Codornices asadas a la miel

CODORNICES ASADAS A LA MIEL

Temperatura del horno
180°C, 350°F, Gas 4

Oriunda de Medio Oriente,
la codorniz es el ave de
caza más pequeña y está
emparentada con el
faisán. Actualmente se cría
en granjas y se la considera
un alimento gourmet.
Como es muy pequeña,
por lo general se calculan
dos por porción.

4 codornices

GLASEADO DE MIEL Y SOJA
1 cucharada de aceite de ajonjolí
$1/4$ taza/60 ml/2 fl oz de salsa de soja
$1/4$ taza/90 g/3 oz de miel
2 cucharadas de jugo de limón
1 cucharada de semillas de ajonjolí

1   Para hacer el glaseado, poner el aceite,
la salsa de soja, la miel, el jugo de limón
y las semillas de ajonjolí en una sartén pequeña
y cocinar a fuego moderado, revolviendo,
10 minutos.

2   Acomodar las alas debajo del cuerpo de
cada codorniz y atar las piernas juntas. Ponerlas
con la pechuga hacia arriba en una asadera
y pincelar con el glaseado. Hornear, bañando
varias veces las aves con el jugo, 25 minutos
o hasta que las codornices estén cocidas.

2 porciones

TERRINA DE POLLO

1 pollo de 1,5 kg/3 lb
8 tazas/2 litros/3 ¹/₂ pt de agua
2 zanahorias, picadas
2 cebollas, cortadas en cuartos
60 g/2 oz de perejil fresco, picado
1 cucharada de granos de pimienta negra
4 hojas de laurel
1 cucharada de gelatina
¹/₄ taza/60 ml/2 fl oz de agua hirviente
2 tallos de apio, finamente picados
2 cebollas de rabo, finamente picadas
30 g/1 oz de hojas de albahaca, picadas
250 g/8 oz de jamón, picado

1 Poner el pollo, el agua, las zanahorias, las cebollas, el perejil, los granos de pimienta negra y las hojas de laurel en una olla grande y llevar a hervor. Bajar el fuego y cocinar a fuego lento 2 horas.

2 Retirar el pollo del líquido de cocción y dejar que se enfríe por completo. Colar el caldo en un tazón y descartar los vegetales.

3 Quitar la piel y los huesos del pollo. Poner la carne en una procesadora y picarla. Tener cuidado de que no se convierta en una pasta.

4 Poner el caldo colado en una cacerola limpia, llevarlo a hervor, luego bajar el fuego y cocinar a fuego lento, con la cacerola destapada, hasta que el caldo se haya reducido a 3 tazas/750 ml/1 ¹/₄ pt. Disolver la gelatina en el agua hirviente y luego incorporarla al caldo caliente. Dejar que se enfríe ligeramente.

5 Poner el apio, las cebollas de rabo y la albahaca en un tazón y mezclarlas. Disponer el jamón en la base de un molde alargado tapizado con film, después colocar la mezcla de apio y por fin el pollo. Verter la mezcla de caldo y gelatina y presionar para que se distribuya en forma pareja y cubra el pollo. Tapar y refrigerar hasta que esté firme. Para servir, dar vuelta la terrina sobre una fuente y cortar en tajadas.

8 porciones

Ideal para comer en el jardín o llevar a un picnic, esta terrina exige bastante tiempo de preparación, pero vale la pena por su delicioso sabor. Una forma de ahorrar tiempo es usar pollo cocido en el grill y caldo de pollo envasado.

Terrina de pollo

STRUDEL DE AGUACATE

10 hojas de masa filo
4 cucharadas de aceite
2 cucharadas de semillas de ajonjolí

RELLENO DE POLLO Y AGUACATE
1 cucharada de aceite
1 cebolla pequeña, picada
2 cucharaditas de curry en polvo
200 g/6 ½ oz de queso crema, ablandado
2 pechugas de pollo, cocidas y cortadas en tiras
½ pimiento rojo, en rebanadas
8 champiñones, cortados en láminas
1 aguacate sin hueso,
pelado y cortado en rebanadas
pimienta negra recién molida

1   Para hacer el relleno, calentar el aceite en una sartén y sofreír la cebolla y el curry en polvo 4-5 minutos o hasta que la cebolla esté tierna. Pasarla a un tazón y agregar el queso crema, el pollo, el pimiento rojo, los champiñones, el aguacate y pimienta negra a gusto. Mezclar bien.

2   Superponer las hojas de masa filo, pincelando con aceite cada una. Colocar la mezcla de pollo sobre la masa, enrollar apretando bien y doblar los extremos hacia abajo. Poner el rollo sobre una placa para horno, pincelar con aceite, esparcir encima las semillas de ajonjolí y hornear 30 minutos o hasta dorar.

6 porciones

Esta receta también resulta deliciosa si se la prepara con atún o salmón en lugar de pollo. Para una versión bajas calorías, puede usar ricota en lugar de queso crema.

Strudel de aguacate

POLLO A LA BIRYANI

90 g/3 oz de mantequilla clarificada o común
3 cebollas, picadas
1,5 kg/3 lb de presas de pollo
2 cucharadas de jengibre fresco rallado
3 dientes de ajo, machacados
$^1/_2$ cucharadita de comino molido
$^1/_2$ cucharadita de canela molida
$^1/_4$ cucharadita de clavo de olor molido
$^1/_4$ cucharadita de cardamomo molido
$^1/_4$ cucharadita de nuez moscada molida
$^1/_2$ cucharadita de harina
1 taza/250 l/8 fl oz de caldo de pollo
$^1/_2$ taza/100 g/3 $^1/_2$ oz de yogur natural
$^1/_2$ taza/125 ml/4 fl oz de crema
60 g/2 oz de castañas de Cajú,
tostadas y picadas

PILAF DE ARROZ
60 g/2 oz de mantequilla clarificada
$^1/_2$ cucharadita de azafrán molido
$^1/_2$ cucharadita de cardamomo molido
1 cucharada de sal
1 taza/220 g/7 oz de arroz basmati, bien lavado
4 tazas/1 litro/1 $^3/_4$ pt de caldo de pollo
2 cucharadas de pasas de uva sultanas

1   Calentar la mantequilla clarificada o común en una sartén grande y sofreír las cebollas a fuego moderado, removiendo, 5 minutos o hasta que estén doradas. Retirar de la sartén y reservar. Poner el pollo en la sartén y cocinar 3-4 minutos de cada lado o hasta que esté dorado.

2   Agregar el jengibre, el ajo, el comino, la canela, los clavos de olor, el cardamomo, la nuez moscada y la harina y cocinar, removiendo, 2-3 minutos. Incorporar el caldo, el yogur y la crema; revolver para desprender el sedimento de la base de la sartén. Añadir nuevamente el pollo y la mitad de las cebollas, tapar y cocinar a fuego lento 15-20 minutos o hasta que el pollo esté apenas cocido. Retirar del fuego, tapar y dejar reposar 15 minutos.

3   Para hacer el pilaf, derretir la mantequilla clarificada en una olla grande y cocinar el azafrán, el cardamomo, la sal y el arroz, revolviendo constantemente, 1-2 minutos. Agregar el caldo y llevar a hervor. Incorporar, revolviendo, las pasas sultanas, bajar la llama y cocinar a fuego lento 10-15 minutos o hasta que la mayor parte del caldo se absorba y el arroz esté cocido. Tapar y dejar reposar 10 minutos.

4   Poner el arroz en una fuente apta para horno y mesa, distribuir los trozos de pollo y verter la salsa encima. Esparcir las cebollas restantes y las castañas de Cajú en la superficie, tapar y hornear 20 minutos.

4 porciones

Temperatura del horno
180°C, 350°F, Gas 4

Cuando daban fiestas suntuosas, los grandes mogoles (emperadores musulmanes de la India entre 1526 y 1857) servían el biryani en bandejas tan grandes que hacían falta dos personas para llevarlas.

Pollo a la biryani

PASTEL DE POLLO

Temperatura del horno
200°C, 400°F, Gas 6

En esta receta de pastel, unos deliciosos scones a las hierbas son una variante imaginativa para las papas que se utilizan habitualmente. Sírvalo con vegetales verdes, como ejotes espinaca o col, y tendrá una comida completa.

60 g/2 oz de mantequilla
1 cebolla grande, picada
4 pechugas de pollo,
cortadas en cubos de 2 cm/³/₄ in
2 papas, cortadas en cubos de 1 cm/¹/₂ in
2 zanahorias grandes,
cortadas en cubos de 1 cm/¹/₂ in
¹/₄ taza/30 g/1 oz de harina
1 taza/250 ml/8 fl oz de vino blanco seco
3 tazas/750 ml/1 ¹/₄ pt de caldo de pollo
1 taza/250 ml/8 fl oz de crema
2 cucharadas de extracto de jitomate

SCONES A LAS HIERBAS
PARA CUBRIR
2 tazas/250 g/8 oz de harina leudante,
cernida
1 cucharadita de hierbas secas surtidas
30 g/1 oz de queso parmesano molido
30 g/1 oz de mantequilla, en trocitos
1 taza/25 ml/8 fl oz de leche

1   Derretir la mantequilla en una sartén grande y sofreír las cebollas a fuego moderado, revolviendo, 3-4 minutos o hasta que estén tiernas. Agregar el pollo y cocinar, revolviendo, 3 minutos más.

2   Incorporar las papas y las zanahorias y cocinar, revolviendo, 8-10 minutos. Agregar, mientras se revuelve, la harina, después el vino, el caldo, la crema y el extracto de jitomate y cocinar a fuego lento 10 minutos, luego trasladar la mezcla a una fuente honda de vidrio térmico o de cerámica.

3   Para hacer los scones, poner la harina, las hierbas, el queso parmesano y la mantequilla en una procesadora y procesar hasta que los ingredientes se integren. Con la máquina encendida, agregar la leche y procesar hasta que se forme un bollo pegajoso. Poner el bollo sobre una superficie ligeramente enharinada y amasar hasta que adquiera textura lisa. Estirar la masa hasta dejarla de 2 cm/³/₄ in de espesor y, con un cortante redondo, cortar scones; ponerlos en la fuente, sobre la preparación de pollo.

4   Hornear 20-25 minutos o hasta que los scones estén cocidos y dorados y la preparación caliente.

4 porciones

Pastel de pollo

Pollito con hierbas

POLLITO CON HIERBAS

4 pollitos
4 ramitas de tomillo fresco
4 lonjas de beicon sin pellejo

MARINADA DE MANTEQUILLA
Y HIERBAS
1 cucharada de hierbas secas surtidas
90 g/3 oz de mantequilla, derretida
3 cucharadas de aceite

4 porciones

1 Para hacer la marinada, poner las hierbas, la mantequilla y el aceite en un tazón pequeño y mezclar bien.

2 Colocar una ramita de tomillo en la cavidad de cada pollito. Acomodar las alas debajo del cuerpo y atar las piernas juntas. Envolver cada ave con una lonja de beicon y asegurar con palillos. Ubicar las aves con la pechuga hacia arriba en una asadera, pincelarlas con la marinada y hornear, bañándolas a menudo con la marinada, 30-35 minutos o hasta que estén a punto.

Temperatura del horno
180°C, 300°F, Gas 4

Queda delicioso servido con ensalada mixta de lechuga y hierbas frescas y con panecillos integrales crocantes.

31

PATO CON GROSELLAS

2 cucharadas de aceite de oliva
8 pechugas de pato con piel
$^1/_4$ taza/60 ml/2 fl oz de jugo de lima
o limón frescos
2 cucharadas de miel
$^1/_2$ taza/170 g/5 $^1/_2$ de jalea de grosellas
125 g/4 oz de grosellas frescas o congeladas

Las pechugas de pato con salsa de grosellas son un elegante plato principal. Sirva con espárragos, poros en tiras salteados y papas nuevas.

1 Calentar el aceite en una sartén grande y cocinar las pechugas de pato 7-8 minutos de cada lado o hasta que estén doradas y cocidas a gusto. Retirar de la sartén y reservar al calor.

2 Limpiar la grasa de la sartén y agregar el jugo de lima o limón, la miel y la jalea de grosellas. Llevar a hervor a fuego moderado, revolviendo para desprender el sedimento de la base de la sartén. Bajar el fuego y cocinar a fuego lento 3-4 minutos o hasta que la preparación se reduzca y espese ligeramente. Incorporar las grosellas y cocinar, revolviendo, 1 minuto más. Servir la salsa con el pato.

4 porciones

RAGOUT DE GARBANZOS

$^1/_2$ taza/60 ml/2 fl oz de aceite de oliva
1 cebolla, picada
1 cucharadita de cúrcuma molida
1 pollo de 1,5 kg/3 lb, cortado en 6 trozos
220 g/7 oz de garbanzos, remojados
durante toda la noche y escurridos
2 tazas/500 ml/16 fl oz de caldo de pollo
$^1/_4$ taza/60 ml/2 fl oz de jugo de limón fresco
3 dientes de ajo, machacados
30 g/1 oz de almendras, blanqueadas y tostadas
1 cucharada de perejil fresco, picado

Los garbanzos tardan 45-60 minutos en cocinarse. El tiempo varía según la calidad, el grado de frescura y la procedencia. Esta receta puede hacerse con garbanzos en lata. Si los usa, caliente el aceite en una sartén grande y cocine la cebolla, la cúrcuma, el pollo y el ajo, revolviendo, 4-5 minutos. Traslade la preparación a una olla y agréguele 2 cucharadas de jugo de limón, 1 taza/250 ml/8 fl oz de caldo (en esta versión no se usa el resto del jugo de limón y del caldo) y los garbanzos. Baje la llama y cocine a fuego lento 15-20 minutos o hasta calentar. Justo antes de servir, esparza las almendras y el perejil.

1 Calentar el aceite en una sartén grande y sofreír la cebolla y la cúrcuma a fuego moderado, removiendo, 3 minutos o hasta que la cebolla esté tierna. Agregar los trozos de pollo y cocinar 4 minutos de cada lado o hasta que estén dorados. Retirarlos de la sartén y reservarlos.

2 Incorporar a la sartén los garbanzos, el caldo, el jugo de limón y el ajo, llevar a hervor, después bajar la llama y cocinar a fuego lento 40 minutos. Poner nuevamente el pollo en la sartén y cocinar a fuego lento 20 minutos más o hasta que el pollo y los garbanzos estén tiernos. Justo antes de servir, esparcir las almendras y el perejil por encima.

4 porciones

*Pato con grosellas,
Ragout de garbanzos*

ENSALADAS

Servidas con pan crocante y una selección de varias clases de lechuga,

las ensaladas de pollo son la comida más deliciosa para el verano.

En este capítulo no sólo encontrará recetas con pollo sino también una

maravillosa ensalada cremosa de pato asado y una elegante ensalada

de espinaca e hígados de pollo.

Ensalada frutal
de pollo ahumado

Ensalada de jitomate
y pollo

Ensalada tibia de
pollo a la oriental

Ensalada de pollo
y naranja

Ensalada de espinaca
e hígados de pollo

Ensalada cremosa
de pato asado

Ensalada frutal de pollo ahumado

Ensalada frutal de pollo ahumado

2 peras maduras, sin corazón y cortadas en mitades
1 pollo ahumado de 1,5 kg/3 lb, sin piel y cortado en tiras

ALIÑO DE BERRO
30 g/1 oz de mantequilla
1 manojo pequeño de berro
4 cebollas de rabo, picadas
1 diente de ajo, machacado
2 cucharaditas de vinagre de estragón
1 cucharada de vino blanco seco
1 taza/250 ml/8 fl oz de crema

4 porciones como entrada o comida liviana

1   Para hacer el aliño, derretir la mantequilla en una olla, incorporar, mientras se revuelve, el berro, las cebollas de rabo, el ajo, el vinagre y el vino blanco y sofreír a fuego moderado. Cocinar a fuego lento 5 minutos, luego incorporar, revolviendo, la crema y seguir cocinando, con la olla destapada, 10 minutos más o hasta que el aliño se reduzca y espese. Retirar del fuego y dejar que se enfríe 10 minutos. Poner el aliño en una procesadora o licuadora y procesar hasta homogeneizar. Dejar que se enfríe por completo.

2   Filetear cada mitad de pera, sin separar las tajadas en el extremo. Abrirlas en forma de abanico y disponerlas en forma decorativa, junto con el pollo, en una fuente. Verter el aliño sobre el pollo y servir enseguida.

El pollo ahumado es un producto alimenticio muy reciente y se consigue en algunos supermercados y tiendas de especialidades gastronómicas. Está curado y ahumado y tiene una carne rosa claro de delicado sabor.

Ensalada de jitomate y pollo

1 hogaza de pan integral, sin cortar
3 cucharadas de aceite de oliva
4 lonjas de beicon, cortadas en tiras
1 pollo cocido, sin piel y con la carne cortada en bocados
250 g/8 oz de jitomates cherry, cortados en cuartos
2 cebollas de rabo, finamente picadas
pimienta negra recién molida
6 ramitas de albahaca fresca

MAYONESA DE ALBAHACA
1 diente de ajo, machacado
60 g/2 oz de hojas de albahaca fresca
1 taza/250 g/8 oz de mayonesa

1   Sacarle la corteza al pan y cortarlo en cubos de 2,5 cm/1 in. Ponerlos en un tazón y rociar con aceite de oliva. Remover para que se embeban en forma pareja. Disponerlos en una placa, sin que se encimen, y hornear 10-15 minutos o hasta que estén dorados y tostados. Dejar enfriar.

2   Cocinar el beicon en una sartén 4-5 minutos o hasta que esté crocante. Retirarlo, escurrirlo sobre papel absorbente y dejar que se enfríe.

3   Para hacer la mayonesa, poner el ajo, las hojas de albahaca y 1 cucharada de mayonesa en una procesadora o licuadora y procesar hasta homogeneizar. Agregar la mayonesa restante y procesar hasta que se integre.

4   Poner el pollo, los jitomates, las cebollas de rabo, pimienta negra a gusto y la mitad del beicon en una ensaladera grande. Verter la mayonesa y combinarla con todos los ingredientes. Repartir la ensalada en seis platos, disponer alrededor los cubos de pan tostado y decorar con el resto del beicon y con las ramitas de albahaca.

6 porciones como plato principal

Temperatura del horno
180°C, 350°F, Gas 4

Esta ensalada de pollo, tan fácil de preparar, es un plato principal por sí misma y no necesita de ningún otro acompañamiento.

ENSALADA TIBIA DE POLLO A LA ORIENTAL

La mejor forma de cocinar el pollo para ensalada es ponerlo en una olla con la pechuga hacia abajo. Después vierta agua hasta cubrir totalmente el ave. Corte una cebolla en rodajas gruesas e incorpórela a la olla junto con 4 granos de pimienta negra y varias ramitas de perejil. Lleve a hervor sobre fuego moderado, luego cocine a fuego lento 45 minutos o hasta que el pollo esté cocido. Coloque el pollo y el líquido de cocción en un tazón grande. Asegúrese de que la pechuga quede hacia abajo, para que se mantenga húmeda. Tape y refrigere hasta que se enfríe.

220 g/7 oz de fideos transparentes o celofán
agua hirviente
1 pollo cocido, sin piel y con la carne
desmenuzada
1 zanahoria, rallada
3 cucharadas de cilantro fresco, picado
1 pepino, picado
30 g/1 oz de cacahuates, picados

ALIÑO DE CACAHUATE
2 dientes de ajo, machacados
$^1/_4$ taza/60 ml/2 fl oz de salsa de soja
$^1/_4$ taza/60 ml/2 fl oz de jugo de limón fresco
1 cucharada de mantequilla de cacahuate
$^1/_3$ taza/90 ml/3 fl oz de aceite
1 cucharada de azúcar morena

4 porciones como plato principal

1   Poner los fideos en un tazón térmico grande, cubrirlos con agua hirviente y dejar descansar 10 minutos. Escurrir.

2   Colocar el pollo, la zanahoria, el cilantro y el pepino en un tazón y mezclar.

3   Para hacer el aliño, poner el ajo, la salsa de soja, el jugo de limón, la mantequilla de cacahuate, el aceite y el azúcar en una olla pequeña y, a fuego moderado, llevar a hervor sin dejar de revolver. Cocinar, revolviendo, 3 minutos. Verter el aliño sobre el pollo y mezclar bien.

4   Repartir los fideos en cuatro platos, acomodar sobre ellos la preparación de pollo y esparcir los cacahuates encima. Servir enseguida.

ENSALADA DE POLLO Y NARANJA

1 pollo cocido, sin piel y con la carne
cortada en bocados
2 tallos de apio, trozados
220 g/7 oz de castañas de agua en lata,
escurridas y cortadas por la mitad
1 naranja, separada en gajos
1 cebolla roja, picada

ALIÑO DE ESTRAGÓN
1 cucharada de perejil fresco, picado
$^1/_3$ taza/90 ml/3 fl oz de aceite
al azafrán
1 diente de ajo, machacado
$^1/_4$ taza/60 ml/2 fl oz de vinagre de estragón

1   Poner el pollo, el apio, las castañas
de agua, los gajos de naranja y la cebolla en
una ensaladera. Mezclar con cuidado.

2   Para hacer el aliño, colocar el perejil,
el aceite, el ajo y el vinagre en un frasco con
tapa de rosca y agitar para combinar.
Verterlo sobre la ensalada y revolver
con cuidado.

4 porciones

Los trozos de pollo tierno,
el apio crujiente y
las castañas de agua
combinados con los frescos
gajos de naranja son un
perfecto almuerzo de
verano.

Ensalada de pollo y naranja

ENSALADA DE ESPINACA E HÍGADOS DE POLLO

6 rebanadas de pan blanco, sin corteza
60 g/2 oz de mantequilla
250 g/8 oz de hígados de pollo, limpios
3 cucharadas de coñac
1 cucharada de hierbas secas surtidas
250 g/8 oz de espinaca, sin los tallos
$^{1}/_{4}$ taza/60 ml/2 fl oz de vino blanco seco
1 cucharada de aceite de oliva
1 pimiento rojo, finamente picado

1 Cortar el pan con cortantes de formas decorativas. Derretir la mitad de la mantequilla en una sartén a fuego moderado hasta que haga burbujas. Agregar el pan y cocinar 1-2 minutos de cada lado o hasta que se dore. Sacar los trozos de pan de la sartén y limpiarla con papel absorbente.

2 Derretir el resto de la mantequilla en la sartén y cocinar los hígados de pollo, removiendo constantemente, 2-3 minutos. Agregar el coñac y las hierbas y cocinar 3 minutos más.

3 Disponer la espinaca en una fuente grande o en una ensaladera. Con una cuchara ranurada, retirar los hígados de pollo de la sartén; cortarlos en tajadas y distribuirlos sobre la espinaca. Agregar el vino a la sartén y cocinar a fuego moderado 2 minutos, colar la mezcla en un tazón pequeño y descartar cualquier sedimento. Agregar el aceite al vino colado y mezclar bien. Verter el aliño sobre la ensalada, luego distribuir encima los trozos de pan y el pimiento.

Los hígados de pollo tibios, los trozos de pan de formas decorativas y la espinaca se combinan para lograr una atractiva entrada.

Ensalada de espinaca e hígado de pollo

4 porciones como entrada o comida liviana

ENSALADA CREMOSA DE PATO ASADO

1 pato de 2 kg/4 lb
pimienta negra recién molida
2 cucharadas de perejil fresco, picado

ALIÑO CREMOSO DE CEBOLLA
2 cebollas rojas, cortadas en gajos
2 cucharadas de aceite
³/₄ taza/185 ml/6 fl oz de caldo de pollo
¹/₂ taza/125 ml/4 fl oz de vino blanco seco
³/₄ taza/185 g/6 oz de crema agria

1 Sazonar el pato con pimienta negra. Acomodar las alas debajo del cuerpo y atar las piernas juntas. Poner el ave con la pechuga hacia arriba en una rejilla de metal apoyada sobre una asadera y hornear 1 hora o hasta que el pato esté cocido. Retirar de la asadera y dejar enfriar completamente.

2 Para hacer el aliño, separar los gajos de cebolla. Calentar el aceite en una sartén y sofreír las cebollas 5 minutos o hasta que estén tiernas. Agregar el caldo, revolviendo, y cocinar 8 minutos. Incorporar el vino, llevar a hervor, luego bajar la llama y cocinar a fuego lento 5 minutos, revolviendo para desprender el sedimento de la base de la sartén. Retirar la sartén del fuego, trasladar el contenido a un tazón y dejar que se enfríe a temperatura ambiente. Poner la crema agria en un bol, agregar la mezcla de caldo y unir.

3 Quitar la piel del pato y descartarla. Desprender la carne de los huesos, cortarla en trozos y ponerla en una ensaladera. Verter el aliño y mezclar bien. Justo antes de servir, esparcir perejil sobre la ensalada. Servirla a temperatura ambiente o ligeramente fría.

4 porciones como comida liviana

Temperatura del horno
180°C, 350°F, Gas 4

Sirva esta deliciosa ensalada de pato con papas nuevas hervidas o con un platillo de arroz blanco y puntas de espárragos frías.

Ensalada cremosa de pato asado

BOCADILLOS

Los tacos, las hamburguesas y las tortas abiertas son deliciosos bocadillos o comidas livianas. Hechos en casa con pollo, resultan alternativas nutritivas para las comidas rápidas que se venden en comercios.

Tacos de pollo

Kebabs de beicon
e hígados de pollo

Hamburguesas
saludables de pollo

Tortillas de pollo
y pimiento

Muffins de buttermilk
con pavo

Tortas de aguacate
al grill

Tacos de pollo

TACOS DE POLLO

1 cucharada de aceite
1 cebolla grande, finamente picada
2 dientes de ajo, machacados
500 g/1 lb de pollo molido
2 cucharadas de aliño para tacos
$^1/_2$ taza/125 ml/4 fl oz de agua
3 cucharadas de salsa para tacos
8 tortillas para tacos, calientes
60 g/2 oz de queso sabroso molido
(Cheddar maduro)

1   Calentar el aceite en una sartén grande
y sofreír la cebolla y el ajo a fuego moderado
3-4 minutos o hasta que la cebolla esté tierna.
Agregar el pollo molido y cocinar, revolviendo,
5-6 minutos o hasta que cambie de color.
Incorporar, revolviendo, el aliño para tacos,
el agua y la salsa para tacos. Cocinar a fuego
lento, sin permitir que hierva, 4-5 minutos.

2   Repartir la preparación de pollo en las
tortillas, cubrir con el queso molido y servir,
si se desea, con más salsa para tacos.

4 porciones

Las tortillas para tacos
son un ingrediente que
conviene tener en la
despensa. Esta receta
también puede hacerse
con sobrantes de pollo
asado. Si usa pollo cocido,
quítele la piel y píquelo o
córtelo en trozos pequeños.
Prepare la receta del
mismo modo, pero cocine
el pollo sólo 2-3 minutos.

KEBABS DE BEICON
E HÍGADO DE POLLO

500 g/1 lb de hígados de pollo sin piel
$^3/_4$ taza/185 ml/6 fl oz de coñac
2 dientes de ajo, machacados
220 g/7 oz de beicon sin pellejo

1   Poner los hígados de pollo, el coñac y el ajo
en un tazón y mezclar bien. Tapar y dejar
marinar 1 hora. Escurrir los hígados de pollo.
Cortar las lonjas de beicon por la mitad y
envolver cada hígado con una mitad.

2   Ensartar tres hígados de pollo envueltos
en beicon en pinchos de bambú ligeramente
aceitados y cocinar en el grill precalentado
2 minutos de cada lado o hasta que el beicon
esté crocante y los hígados cocidos.

4 porciones

Cuando cocine hígados
de pollo, cuide que no se
pasen de punto, porque
se secan y se endurecen.
Si está correctamente
cocido, el hígado de pollo
tiene un color ligeramente
rosado en el interior.

Hamburguesas saludables de pollo

HAMBURGUESAS SALUDABLES DE POLLO

Una hamburguesa con muchos vegetales sanos y un burger de pollo magro es exactamente la comida liviana o el bocadillo indicado para el fin de semana. Si no consigue pollo molido, puede hacerlo usted con 500 g/1 lb de pechugas de pollo deshuesadas. Quite la piel de las pechugas antes de molerlas.

4 rodajas gruesas de jitomate
4 panecillos para hamburguesas, abiertos y tostados
8 rodajas de pepino
4 hojas de lechuga
30 g/1 oz de brotes de alfalfa

BURGERS DE POLLO
500g/1 lb de pollo molido
1 huevo, ligeramente batido
$^1/_2$ taza/30 g/1 oz de pan duro molido
2 cucharaditas de salsa Worcestershire
30 g/1 oz de mantequilla

1 Para hacer los burgers, poner el pollo molido, el huevo, el pan molido y la salsa Worcestershire en un tazón y mezclarlos bien. Armar ocho burgers con la mezcla, disponerlos en una fuente, tapar y refrigerar 20-30 minutos.

2 Derretir la mantequilla en una sartén grande y cocinar los burgers, apretándolos con una espátula, 3-4 minutos de cada lado o hasta que estén a punto. Retirarlos de la sartén y escurrirlos sobre papel absorbente.

3 Para armar las hamburguesas, poner una rodaja de jitomate en la parte inferior de cada panecillo, agregar dos burgers, dos rodajas de pepino, una hoja de lechuga, algunos brotes de alfalfa y la parte superior del panecillo. Servir enseguida.

4 porciones

TORTILLAS DE POLLO Y PIMIENTO

3 cucharadas de extracto de jitomate
125 g/4 oz de queso sabroso (Cheddar maduro)
250 g/8 oz de pollo cocido, picado
$^1/_2$ pimiento verde, picado
1 chile rojo fresco, sin semillas y picado

TORTILLAS
1 $^1/_2$ taza/250 g/8 oz de polenta
1 $^1/_2$ taza/375 g/12 oz de harina
una pizca de sal
75 g/2 fi oz de mantequilla en trocitos
$^3/_4$ taza/185 ml/6 fl oz de agua caliente

1 Para hacer las tortillas, poner la polenta, la harina, la sal y la mantequilla en una procesadora y procesar hasta que la mezcla adquiera textura de pan molido. Con la máquina encendida, agregar agua poco a poco hasta que se forme un bollo. Poner el bollo sobre una superficie ligeramente enharinada y amasar 2 minutos.

2 Estirar el bollo y, con un cortante de 10 cm/4 in de diámetro, cortar ocho discos. Acomodarlos sobre una asadera apenas aceitada y hornear 10 minutos.

3 Verter en cada tortilla extracto de jitomate, cubrir con queso, agregar el pollo, el pimiento verde y el chile y hornear 10 minutos.

8 tortillas

Temperatura del horno
180°C, 350°F, Gas 4

En México, a los panqueques delgados de polenta se los llama tortillas, mientras que en España una tortilla es una omelette.

Tortillas de pollo y pimiento

MUFFINS DE BUTTERMILK CON PAVO

Temperatura del horno
180°C, 350°F, Gas 4

La buttermilk es un producto lácteo cultivado con el mismo valor alimenticio que la leche descremada. Es un ingrediente bajas calorías que a veces se usa en productos de panadería.

60 g/2 oz de mantequilla
250 g/8 oz de pavo ahumado, cortado en tajadas
$^1/_2$ taza/155 g/5 oz de jalea de guayaba, manzana o grosella

MUFFINS DE BUTTERMILK
125 g/4 oz de mantequilla
$^1/_2$ taza/100 g/3 $^1/_2$ oz de azúcar molida
2 huevos
60 g/2 oz de pasas de uva sultanas, picadas
60 g/2 oz de avellanas, picadas
1 cucharadita de bicarbonato de sodio
1 taza/250 ml/8 fl oz de buttermilk o leche
2 tazas/250 g/8 oz de harina, tamizada

15 muffins

1 Para hacer los muffins, poner la mantequilla y el azúcar en un tazón y batir hasta que la mezcla esté cremosa. Agregar los huevos de a uno, batiendo bien cada vez. Incorporar las pasas sultanas y las avellanas. Disolver el bicarbonato de sodio en la buttermilk o leche. Incorporar alternadamente la harina y la leche con bicarbonato a la mezcla cremosa.

2 Poner cucharadas de pasta en una asadera para muffins y hornear 12 minutos o hasta que estén dorados y cocidos (para probar el punto, clavarles un pincho). Apoyarlos en una rejilla de metal para que se enfríen.

3 Partir los muffins por la mitad y ponerles un poco de mantequilla. Rellenarlos con tajadas de pavo y jalea de guayaba.

Muffins de butternilk con pavo

Tortas de aguacate al grill

TORTAS DE AGUACATE AL GRILL

4 rebanadas de pan negro
60 g/2 oz de queso crema, ablandado
4 cucharadas de mayonesa
250 g/8 oz de pollo cocido, cortado en tajadas
4 tajadas de queso sabroso (Cheddar maduro)
1 aguacate sin hueso, pelado
y cortado en tajadas
1 cucharada de cebollín fresco, cortado
con tijera

1   Untar cada rebanada de pan con queso crema y después con mayonesa.
A continuación poner una tajada de pollo y otra de queso. Cocinar en el grill precalentado 2-3 minutos o hasta que el queso se derrita.

2   Poner encima tajadas de aguacate, esparcir el cebollín y servir enseguida

4 porciones

COMIDAS RÁPIDAS

El pollo es ideal para las ocasiones en que se requiere una comida sustanciosa pero no hay tiempo para prepararla. Este capítulo ofrece recetas que responden perfectamente a esa necesidad. Está lleno de ideas que le permitirán sorprender a su familia y a las visitas imprevistas con maravillosas comidas rápidas.

Pan de pollo Waldorf

Pan de pollo a la Waldorf

1 hogaza grande de pan
1 manzana Granny Smith, finamente picada
60 g/2 oz de nueces, picadas
3 cebollas de rabo, finamente picadas
2 cucharadas de perejil fresco, picado
$^1/_2$ taza/125 g/4 oz de mayonesa
pimienta negra recién molida
10 hojas de espinaca, sin los tallos
3 pechugas de pollo deshuesadas, cocidas
y cortadas en tajadas
4 jitomates en rodajas

1   Cortar una tapa de la parte superior de la hogaza y quitar la miga para que sólo quede la corteza formando un cofre. Reservar la tapa. La miga no se usará en esta receta, pero puede aprovecharse para hacer pan molido.

2   Poner la manzana, las nueces, las cebollas de rabo, el perejil, la mayonesa y pimienta negra a gusto en un tazón y mezclar bien. Ubicar algunas hojas de espinaca en la base de la hogaza de pan y distribuir encima, por capas, pollo, mezcla de manzana y rodajas de jitomate. Repetir las capas, terminando con una de espinaca, hasta que se hayan usado todos los ingredientes y la hogaza esté llena. Colocar la tapa y envolver la hogaza en papel de aluminio. Apoyar encima una tabla, aplastar y refrigerar toda la noche. Servir cortado en tajadas.

8 porciones

Un platillo perfecto para picnic: las delicadas pechugas de pollo combinadas con los ingredientes de la ensalada Waldorf se introducen en una hogaza de pan, que se envuelve en papel de aluminio y se refrigera toda la noche. A la mañana, sólo tendrá que preparar la canasta del picnic y estará lista para salir.

Piernas de pollo crocantes con parmesano

3 cucharadas de mostaza de Dijon
4 cucharadas de aceite
4 cebollas de rabo, finamente picadas
30 g/1 oz de queso parmesano molido
pimienta negra recién molida
8 piernas de pollo
$^1/_2$ taza/30 g/1 oz de pan duro molido
60 g/2 oz de manteca, derretida

1   Poner la mostaza, el aceite, las cebollas de rabo, el queso parmesano y pimienta negra a gusto en un tazón y mezclar bien.

2   Pincelar cada pierna de pollo con la mezcla de mostaza, después cubrir con pan molido y colocar en una asadera ligeramente aceitada. Rociar con la manteca y hornear 30 minutos o hasta que las piernas estén cocidas.

4 porciones

Temperatura del horno
180°C, 350°F, Gas 4

Crocantes por fuera y tiernas por dentro, estas piernas de pollo son una popular comida familiar. Sírvalas con puré de papas y una ensalada verde y tendrá uno de los platillos más fáciles que pueda pedir.

CROQUETAS DE PAVO

90 g/3 oz de mantequilla
1 ⅓ taza/170 g/5 ½ oz de harina
1 taza/250 ml/8 fl oz de leche caliente
125 g/4 oz de ricota (Queso Fresco)
250 g/8 oz de pavo cocido, picado
½ taza/60 g/2 oz de queso sabroso molido
(Cheddar maduro)
2 cucharadas de perejil fresco picado
1 taza/125 g/4 oz de pan seco molido
1 huevo, ligeramente batido
abundante aceite para freír

Las croquetas son una gran solución para aprovechar sobrantes de pollo o de carne. En esta receta se ha optado por pavo, pero usted puede usar sobrantes de pollo, cordero o carne. El atún en lata o el salmón son alternativas deliciosas. Si usa carne en lata, primero escurra el líquido.

1 Derretir la mantequilla en una olla, incorporar ⅓ taza/45 g/1 ½ oz de harina y cocinar, revolviendo, 30 segundos. Agregar la leche mientras se revuelve vigorosamente y cocinar a fuego moderado, sin cesar de revolver, 4-5 minutos o hasta que la mezcla espese. Retirar la olla del fuego e incorporar la ricota, el pavo, el queso sabroso y el perejil. Mezclar bien y refrigerar hasta que esté completamente frío.

2 Poner el pan molido y el resto de la harina en platos separados. Formar croquetas con la mezcla de pavo/guajolote, pasar cada una por harina, luego bañarla en huevo y finalmente pasarla por pan molido. Ponerlas en una fuente forrada con film, tapar y refrigerar 15 minutos.

3 Calentar el aceite en una sartén grande hasta que esté bien caliente y freír las croquetas 3-4 minutos o hasta que estén doradas.

4 porciones

Croquetas de pavo

POLLO ESTIVAL SALTEADO

2 cucharadas de aceite
1 cebolla en rodajas
1 pimiento verde, cortado en tiras
1 pimiento rojo, cortado en tiras
1 calabacita, cortada en rodajas
1 $1/_2$ taza/375 ml/12 fl oz de puré de jitomate
1 cucharada de albahaca fresca, picada
1 cucharada de perejil fresco, picado
1 cucharadita de tomillo fresco, picado,
o $1/_2$ cucharadita de tomillo seco
500 g/1 lb de pechugas de pollo deshuesadas,
cortadas en tiras
pimienta negra recién molida

1   Calentar el aceite en una sartén grande y sofreír la cebolla a fuego moderado 5 minutos o hasta que esté tierna. Agregar el pimiento rojo y el verde, la calabacita y el puré de jitomate y llevar a hervor, luego bajar la llama y cocinar a fuego lento 10 minutos.

2   Incorporar, sin dejar de revolver, la albahaca, el perejil, el tomillo y el pollo y cocinar 10 minutos o hasta que el pollo esté cocido. Sazonar a gusto con pimienta negra.

4 porciones

Una mezcla de vegetales estivales y pollo forman este salteado, que resulta delicioso si se saborea frío, con fideos hervidos aderezados con mantequilla y perejil.

49

Pollo con salsa de curry

POLLO CON SALSA DE CURRY

Para cocinar el pollo en el grill hay que abrirlo y aplanarlo. La mejor forma de cortarlo es usar tijeras para aves. Primero corte las puntas de las alas, luego corte a ambos lados del espinazo y retírelo. Disponga el ave con la pechuga hacia arriba y, con la palma de la mano, empuje hacia abajo para aplastar el pollo y romper el esternón. Para asegurarse de que el ave conserve su forma durante la cocción, atraviésela con dos pinchos. Uno debe atravesar las piernas, sin tocar los huesos, y el otro las alas y la pechuga.

60 g/2 oz de mantequilla
4 pechugas de pollo deshuesadas y sin piel
1 cebolla, picada
1 diente de ajo, machacado
1 cucharada de curry en polvo
$^1/_2$ cucharadita de comino molido
$^1/_2$ cucharadita de coriandro molido
1 cucharada de miel
1 cucharada de jugo de limón fresco
$^1/_3$ taza/90 ml/3 fl oz de vino tinto
$^3/_4$ taza/185 ml/6 fl oz de crema
2 cucharadas de mayonesa
2 cucharadas de cilantro fresco, picado

4 porciones

1   Derretir la mantequilla en una sartén grande y cocinar el pollo a fuego moderado 3-4 minutos de cada lado o hasta que esté cocido. Retirar el pollo de la sartén, reservar y mantener caliente.

2   Agregar la cebolla y el ajo a la sartén y sofreír 3-4 minutos o hasta que la cebolla esté tierna. Incorporar, revolviendo, el curry en polvo, el comino y el coriandro y cocinar 2 minutos más.

3   Incorporar, sin dejar de revolver, la miel, el jugo de limón y el vino y cocinar 2 minutos, después añadir la crema y la mayonesa y cocinar a fuego lento 2 minutos más. Verter la salsa sobre el pollo, esparcir cilantro encima y servir enseguida.

POLLO AL GRILL CON MIEL

1 pollo de 1,5 kg/3 lb

GLASEADO DE MIEL
3 cucharadas de miel
2 cucharaditas de jengibre molido
3 cucharadas de salsa Worcestershire
2 cucharadas de salsa de soja
2 dientes de ajo, machacados

1   Precalentar el grill a temperatura mediana. Preparar el pollo para cocinarlo en el grill (ver indicaciones en la página anterior) y ponerlo en una asadera.

2   Para hacer el glaseado, colocar la miel, el jengibre, la salsa Worcestershire, la salsa de soja y el ajo en una olla pequeña y llevar a hervor a fuego moderado. Pincelar el pollo con el glaseado y cocinar en el grill 10-15 minutos de cada lado o hasta que esté a punto.

Pollo al grill con miel

4 porciones

POLLITO CON GROSELLAS

2 pollitos cortados por la mitad a lo largo

GLASEADO DE GROSELLAS
15 g/¹/₂ oz de mantequilla
4 cucharadas de jalea de grosellas
2 cucharaditas de miel
3 cucharadas de jugo de limón fresco

1 Para hacer el glaseado, echar la mantequilla, la jalea de grosellas, la miel y el jugo de limón en una olla pequeña y cocinar a fuego moderado, revolviendo, hasta que todos los ingredientes se derritan y se mezclen.

2 Poner los pollitos en una asadera, pincelarlos con el glaseado y hornear, pincelándolos con el glaseado de vez en cuando, 25 minutos o hasta que estén cocidos.

4 porciones

ALAS DE POLLO A LA CHINA

60 g/2 oz de mantequilla
1 diente de ajo, machacado
1 cucharada de jengibre fresco molido
16 alas de pollo
3 cucharadas de miel
3 cucharadas de salsa Worcestershire
3 cucharadas de salsa de soja
3 cucharadas de semillas de ajonjolí

Tal vez le guste transformar las alas en piernas de pollo. Resultan muy fáciles de comer, especialmente para los niños o si se sirven para comer con la mano. Para hacerlas, primero corte las puntas de las alas, después, sosteniendo el extremo más pequeño y valiéndose de un cuchillo afilado, corte alrededor del hueso para soltar la carne. A continuación corte, raspe y empuje la carne hacia el extremo más grueso del hueso. Con los dedos, acomode la piel y la carne en el extremo del hueso para que el ala parezca una pierna pequeña.

1 Derretir la mantequilla en una sartén grande y cocinar el ajo y el jengibre a fuego moderado 1 minuto.

2 Agregar las alas de pollo y cocinar, removiendo, 3 minutos. Incorporar, sin dejar de revolver, la miel, la salsa Worcestershire y la salsa de soja y cocinar 5 minutos más o hasta que las alas de pollo estén a punto. Agregar las semillas de ajonjolí y servir enseguida.

4 porciones

Alas de pollo a la china,
Pollito con grosellas

Strogonoff de pollo

STROGONOFF DE POLLO

90 g/3 oz de mantequilla
500 g/1 lb de pechuga de pollo deshuesada
y cortada en tiras
155 g/5 oz de champiñones cortados
por la mitad
$^1/_2$ taza/125 ml/4 fl oz de vino blanco seco
1 taza/250 ml/8 fl oz de crema
2 cucharadas de extracto de jitomate
$^1/_2$ cucharadita de nuez moscada molida
1 cebolla de rabo, finamente picada

1   Derretir 60 g/2 oz de mantequilla en una sartén grande y dorar el pollo a fuego moderado, removiendo, 2-3 minutos o hasta que cambie de color. Retirar el pollo de la sartén y reservar.

2   Derretir el resto de la mantequilla en una olla y cocinar los champiñones 2-3 minutos, después incorporar el vino, la crema, el extracto de jitomate y la nuez moscada. Cocinar a fuego vivo, revolviendo, 5 minutos o hasta que la salsa se reduzca y espese ligeramente.

3   Incorporar el pollo a la preparación de champiñones y cocinar a fuego moderado, revolviendo, 3-4 minutos o hasta que el pollo esté cocido. Agregar la cebolla de rabo y servir enseguida.

4 porciones

Servir el Strogonoff de pollo sobre un colchón de arroz blanco o integral acompañado de una ensalada verde de estación (los espárragos o los ejotes son deliciosos).

POLLO CON PIMIENTOS

2 cucharadas de aceite

4 pechugas de pollo deshuesadas, cortadas
en tiras

1 nabo, cortado en tiras

2 cebollas, picadas

440 g/14 oz de pimientos en lata, escurridos
y cortados en tiras

1 taza/250 ml/8 fl oz de vino blanco seco

440 g/14 oz de jitomates en lata,
hechos puré con su jugo

3 cucharadas de albahaca fresca, picada

1   Calentar el aceite en una sartén grande
y dorar el pollo a fuego moderado, revolviendo,
2-3 minutos o hasta que cambie de color.
Retirar el pollo de la sartén y reservar.

2   Agregar el nabo, las cebollas
y los pimientos a la sartén y cocinar
3-4 minutos. Incorporar, sin dejar de revolver,
el vino y los jitomates y llevar a hervor a fuego
moderado, revolviendo; después bajar
la llama y cocinar a fuego lento, con la sartén
destapada, 10 minutos o hasta que el nabo esté
tierno. Poner nuevamente el pollo en la sartén
y cocinar 3-4 minutos más o hasta que el pollo
esté cocido. Agregar la albahaca y servir
enseguida.

Pollo con pimientos   **4 porciones**

Todo lo que hace falta
para que este platillo
de pollo sea una comida
completa es pan de ajo
caliente o panecillos
crocantes y una ensalada
mixta de lechuga y hierbas.

SALTEADO DE VEGETALES

2 cucharadas de aceite
1 cebolla picada
1 pimiento verde picado
125 g/4 oz de hongos, cortados en láminas
250 g/8 oz de hígados de pollo picados
2 jitomates grandes, pelados y picados
2 hojas de salvia fresca, picadas
pimienta negra recién molida
250 g/8 oz de fideos moñitos, cocidos

1   Calentar el aceite en una sartén grande y sofreír la cebolla 3-4 minutos o hasta que esté tierna. Agregar el pimiento verde y cocinar, revolviendo, 3-4 minutos, después incorporar los hongos y cocinar 2 minutos más.

2   Agregar los hígados de pollo, revolver y cocinar 3-4 minutos o hasta que cambien de color. Incorporar los jitomates, la salvia y pimienta negra a gusto y cocinar, revolviendo constantemente, 4-5 minutos o hasta que los jitomates empiecen a soltar jugo.

3   Agregar los fideos a la sartén y cocinar 4-5 minutos más o hasta calentar. Servir enseguida.

4 porciones

Este platillo, que es un recurso ideal para aprovechar pasta sobrante, puede hacerse con cualquier clase de fideos pequeños.

Salteado de vegetal

6

PANQUEQUES DE POLLO Y VEGETALES

1 taza/125 g/4 oz de harina
1 huevo
1 ¹/₂ taza/375 ml/12 fl oz de leche
1 calabacita, rallada
2 cucharadas de perejil fresco, picado

RELLENO DE POLLO
1 taza/250 ml/8 fl oz de crema
¹/₄ cucharadita de nuez moscada molida
¹/₄ taza/60 ml/2 fl oz de vino blanco
250 g/8 oz de pollo cocido, cortado en trozos
1 cucharada de cebollín fresco,
cortado con tijera

*Panqueques de pollo
y vegetales*   **4 porciones**

1   Poner la harina, el huevo y la leche en una procesadora o licuadora y procesar hasta lograr una pasta lisa. Pasarla a un bol y agregar la calabacita y el perejil. Tapar y dejar reposar 15 minutos.

2   En una pequeña sartén caliente y aceitada, verter la suficiente cantidad de mezcla para cubrir la base y cocinar a fuego moderado hasta que aparezcan burbujas en la superficie. Dar vuelta el panqueque y cocinarlo hasta que adquiera un tono dorado. Repetir con el resto de la mezcla.

3   Para hacer el relleno, poner la crema en una olla y cocinar a fuego moderado 4-5 minutos o hasta calentar. Incorporar la nuez moscada y el vino y cocinar a fuego lento 10 minutos o hasta que la preparación se reduzca y espese. Añadir el pollo y el cebollín y cocinar 2-3 minutos más. Para servir, distribuir el relleno sobre los panqueques.

Los panqueques son un excelente platillo liviano para el brunch, el almuerzo o la cena. La calabacita y el perejil que se incorporan a la pasta otorgan a estos panqueques un sabor deliciosamente diferente.

SOBRANTES

El pavo es obligatorio para Navidad y Acción de Gracias.
Pero ¿qué hacer con los sobrantes? Esta selección de ideas fáciles hará
que cocine pavo a menudo, sólo por el placer
de usar los sobrantes.

Pavo Tetrazzini

Pavo a la criolla

Pavo al horno con
fideos

Revuelto de pavo

Diván rápido de pavo

Ensalada de pavo
y queso feta

Pavo Tetrazzini

PAVO TETRAZZINI

SOBRANTES

90 g/3 oz de tagliatelle comunes
90 g/3 oz de tagliatelle de jitomate
90 g/3 oz de tagliatelle de espinaca
60 g/2 oz de mantequilla
4 lonjas de beicon, picado
1 cebolla, picada
125 g/4 oz de hongos, cortados en láminas
$^1/_3$ taza/45 g/1 $^1/_2$ oz de harina
1 $^1/_3$ taza/440 ml/14 fl oz de caldo de pollo
$^3/_4$ taza/185 ml/6 fl oz de crema
2 cucharadas de jerez seco
375 g/12 oz de pavo cocido,
cortado en cubos
una pizca de nuez moscada molida
pimienta negra recién molida
30 g/1 oz de queso parmesano molido

1 Cocinar juntos los tagliatelle comunes, los de jitomate y los de espinaca en una olla grande con agua hirviente, siguiendo las instrucciones del paquete. Escurrir y reservar al calor.

2 Derretir mantequilla en una olla y sofreír el beicon y la cebolla a fuego moderado, removiendo, 4-5 minutos o hasta que la cebolla esté tierna. Agregar los hongos y cocinar, revolviendo, 5 minutos más o hasta que estén tiernos.

3 Agregar la harina, después incorporar el caldo, gradualmente y sin dejar de revolver, y llevar a hervor. Bajar la llama y cocinar a fuego lento, revolviendo, 4-5 minutos o hasta que la salsa espese. Retirar del fuego y agregar, revolviendo, la crema, el jerez, el pavo, la nuez moscada, pimienta negra a gusto y los tagliatelle.

4 Poner la preparación en una fuente térmica, esparcir encima el queso parmesano y hornear 30 minutos o hasta que la superficie esté dorada.

4 porciones

Temperatura del horno
180°C, 350°F, Gas 4

Para conservar sobrantes de pavo relleno, quite el relleno de la cavidad, póngalo en un recipiente aparte y tape ambos recipientes antes de guardar en el refrigerador.

PAVO A LA CRIOLLA

15 g/$^1/_2$ oz de mantequilla
1 diente de ajo, machacado
1 cebolla, picada
1 cucharada de harina
1 cucharadita de chile en polvo
$^1/_2$ taza/125 ml/4 fl oz de jugo de jitomate
$^1/_2$ taza/125 ml/4 fl oz de caldo de pollo
375 g/12 oz de pavo cocido, picado
125 g/4 oz de champiñones, cortados
en láminas
pimienta negra recién molida

1 Calentar la mantequilla en una olla y sofreír el ajo y la cebolla a fuego moderado 3-4 minutos o hasta que la cebolla esté tierna. Agregar, revolviendo, la harina y el chile en polvo y cocinar 1 minuto sin dejar de revolver.

2 Agregar el jugo de jitomate y el caldo. Llevar a hervor a fuego moderado, revolviendo, después bajar el fuego y cocinar a fuego lento, sin cesar de revolver, hasta que la salsa espese. Incorporar el pavo y los champiñones, sazonar a gusto con pimienta negra, llevar a hervor, después bajar el fuego y cocinar a fuego lento 5 minutos.

4 porciones

Si lo sirve sobre un colchón de arroz hervido, es una comida completa, ideal para el día posterior a una fiesta.

PAVO AL HORNO CON FIDEOS

Temperatura del horno
180°C, 350°F, Gas 4

Recuerde que las aves
cocidas se utilizan mejor
al día siguiente y que
siempre deben consumirse
dentro de los dos días
posteriores a la cocción.

375 g/12 oz de fideos al huevo, cocidos
250 g/8 oz de pavo cocido, picado
60 g/2 oz de queso sabroso molido
(Cheddar maduro)
2 tallos de apio, picados
2 tazas/500 ml/16 fl oz de leche
2 huevos
1 cucharada de curry en polvo
pimienta negra recién molida
$^1/_2$ taza/30 g/1 oz de pan duro molido
15 g/$^1/_2$ oz de mantequilla

1   Poner un tercio de los fideos en la base
de una fuente térmica ligeramente aceitada.
Acomodar encima un tercio del
pavo, el queso y el apio. Repetir las capas hasta
que se usen todos los ingredientes.

2   Poner la leche, los huevos, el curry
en polvo y pimienta negra a gusto en un tazón
y unir. Verter con cuidado la mezcla sobre
los ingredientes ubicados en la fuente, esparcir
el pan molido y distribuir trocitos de
mantequilla. Hornear 40 minutos o hasta
que esté firme.

6 porciones

REVUELTO DE PAVO

Este sabroso platillo, por
lo general se prepara
con alimentos que han
sobrado y los convierte
en una comida especial.
Si no tiene salsa sobrante
del pavo, use sopa crema
de champiñones.

375 g/12 oz de pavo cocido, picado
2 papas, cocidas en dados
1 taza/250ml/8 fl oz de salsa de
pavo sobrante
2 cebollas de rabo, picadas
pimienta negra recién molida
4 rebanadas de pan integral, tostadas
y con un poco de mantequilla
2 cucharadas de perejil fresco, picado

1   Poner el pavo, las papas, la salsa, las
cebollas de rabo y pimienta negra a gusto
en una olla y llevar a hervor a fuego moderado
sin dejar de revolver.

2   Distribuir la preparación sobre las tostadas
calientes, esparcir encima el perejil y servir
enseguida.

4 porciones

DIVÁN RÁPIDO DE PAVO

4 rebanadas de pan, tostadas
y con un poco de mantequilla
8 tajadas de pavo cocido
375 g/12 oz de puntas de espárragos en lata,
escurridas
1 taza/250 ml/8 fl oz de sopa crema
de espárragos
1 taza/250 ml/8 fl oz de leche evaporada
pimienta negra recién molida
3 cucharadas de queso parmesano molido

1   Poner las tostadas en la base de una fuente térmica para horno poco profunda. Acomodar encima las tajadas de pavo y las puntas de espárragos.

2   Poner la sopa, la leche y pimienta negra a gusto en un tazón y unir bien. Verter cuidadosamente la mezcla sobre los ingredientes de la fuente, esparcir el queso parmesano y hornear 20-25 minutos o hasta que la superficie esté dorada y la mezcla haga burbujas.

4 porciones

Temperatura del horno
200°C, 400°F, Gas 6

ENSALADA DE PAVO Y QUESO FETA

500 g/1 lb de pavo cocido, cortado
en bocados
2 tallos de apio, picados
1 pepino pelado, sin semillas y picado
12 aceitunas negras sin hueso
250 g/8 oz de queso feta
1 manojo de escarola rizada
1 manojo pequeño de berro

VINAGRETA DE ALBAHACA
1 diente de ajo, machacado
4 cucharadas de albahaca fresca, picada
2 cucharadas de mostaza en grano
pimienta negra recién molida
1/4 taza/60 ml/2 fl oz de jugo de limón fresco
1/4 taza/60 ml/2 fl oz de vinagre de vino
1/4 taza/60 ml/2 fl oz de aceite
1/4 taza/60 ml/2 fl oz de aceite de oliva

1   Para hacer la vinagreta, poner el ajo, la albahaca, la mostaza, pimienta negra a gusto, el jugo de limón, el vinagre y los aceites en un frasco con tapa de rosca y batir bien para mezclar.

2   Poner el pavo, el apio, el pepino, las aceitunas y el queso feta en un tazón. Verter la vinagreta y remover para combinar.

3   Disponer las hojas de endibia en cuatro platos individuales, cubrirlas con la ensalada y adornar con el berro. Servir enseguida.

6 porciones como comida liviana

Sirva esta deliciosa ensalada con panecillos crocantes para que sea una comida completa.

POLLO ASADO A LA FRANCESA

Temperatura del horno
180°C, 350°F, Gas 4

1 pollo de 1,5 kg/3 lb
1 taza/250 ml/8 fl oz de vino blanco seco
1 taza/250 ml/8 fl oz de caldo de pollo
30 g/1 oz de mantequilla

RELLENO DE QUESO
90 g/3 oz de ricota
2 cucharadas de perejil fresco, picado
2 cucharadas de estragón fresco, picado,
o ¹/₂ cucharadita de hojas de estragón secas
4 cebollas de rabo, finamente picadas
30 g/1 oz de mantequilla, ablandada
pimienta negra recién molida

RELLENO DE HIERBAS
60 g/2 oz de mantequilla
1 cebolla pequeña, finamente picada
2 tallos de apio, finamente picados
2 cucharaditas de estragón fresco, picado,
o ¹/₂ cucharadita de estragón seco
2 cucharadas de perejil fresco, picado
1 cucharadita de cáscara de limón
finamente rallada

2 tazas/125 g/4 oz de pan duro molido
pimienta negra recién molida

SALSA
1 ¹/₂ taza/375 ml/12 fl oz de líquido de cocción
y caldo de pollo
1 cucharada de almidón de maíz
¹/₂ taza/125 ml/4 fl oz de crema
pimienta negra recién molida

Pollo asado a la francesa

1   Para hacer el relleno de queso, poner la ricota, el perejil, el estragón, las cebollas de rabo, la mantequilla y pimienta negra a gusto en un tazón y mezclar bien.

2   Con los dedos, aflojar la piel de la pechuga del pollo. Introducir suavemente el relleno de queso bajo la piel y emparejar.

3   Para hacer el relleno de hierbas, derretir la mantequilla en una sartén y sofreír la cebolla 4-5 minutos o hasta que esté tierna. Poner el apio, el estragón, el perejil, la cáscara de limón y el pan molido en un tazón, agregar la cebolla sofrita y mezclar bien. Sazonar a gusto con pimienta negra. Colocar el relleno en la cavidad del pollo y cerrar el extremo del cogote con pinchos de metal o de bambú.

4   Embroquetar el pollo y ubicarlo, con la pechuga hacia arriba, en una rejilla de metal apoyada sobre una asadera. Poner el vino, el caldo y la mantequilla en la asadera y hornear el pollo, dándolo vuelta y bañándolo con el jugo varias veces, 1 hora o hasta que la piel esté crujiente y dorada y la carne cocida. Durante los últimos 15 minutos dejar la pechuga hacia arriba, para que la piel resulte crocante. Pasar el pollo a una fuente y dejar reposar en un lugar cálido 10 minutos antes de trinchar.

5   Para hacer la salsa, medir el líquido de la asadera y, si es necesario, agregar caldo de pollo hasta completar 1 ½ taza/375 ml/12 fl oz. Verter nuevamente el líquido en la asadera. Colocar la asadera sobre la hornalla y llevar a hervor a fuego moderado. Poner el almidón de maíz en un tazón pequeño, agregarle la crema y revolver vigorosamente. Continuar revolviendo mientras se incorpora un poco del líquido caliente y después echar la mezcla en la asadera, sin cesar de revolver. Cocinar, revolviendo constantemente, 3-4 minutos o hasta que la salsa hierva y espese. Sazonar con pimienta negra. Servir la salsa con el pollo.

4 porciones

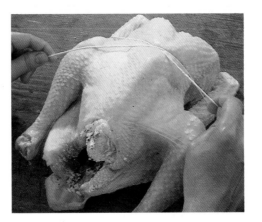

Paul E. Elson/IMAGE BANK

Cuando se asa un pollo, siempre debe haber líquido en la base de la asadera. Si el líquido se evapora durante la cocción, agregue un poco más de vino o de caldo

Paul E. Elson/IMAGE BANK

Puede usar queso azul, queso crema o camembert en lugar de ricota. Si usa camembert, quítele la cáscara.

EMBROQUETAR UN POLLO

Embroquetar el pollo ayuda a que mantenga su forma durante la cocción. Insertar un pincho de metal a lo ancho, justo por debajo de los huesos de las piernas y a través del cuerpo del pollo. Ambos extremos del pincho deben quedar expuestos. Poner el pollo con la pechuga hacia abajo sobre la superficie de trabajo. Con un hilo rodear las alas, luego pasarlo por debajo de los extremos del pincho y cruzarlo sobre la parte trasera del ave. Poner la pechuga hacia arriba y atar las piernas y la rabadilla.

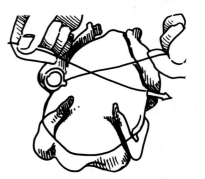

POLLO CON RELLENO DE ESPINACA

Temperatura del horno
180°C, 350°F, Gas 4

4 cuartos traseros de pollo (pierna y muslo)
30 g/1 oz de mantequilla derretida

RELLENO DE ESPINACA
125 g/4 oz de espinaca congelada, descongelada
1 diente de ajo, machacado
125 g/4 oz de ricota o queso cottage, escurrido
2 cucharaditas de queso parmesano molido
1 cucharadita de cáscara de limón rallada
una pizca de nuez moscada molida

SALSA DE JITOMATE
310 g/10 oz de puré de jitomate en lata
2 cucharaditas de salsa Worcestershire

Pollo con relleno de espinaca

1   Para hacer el relleno, exprimir la espinaca a fin de quitar el exceso de líquido. Poner la espinaca, el ajo, la ricota o el queso cottage, el queso parmesano, la cáscara de limón y la nuez moscada en un tazón y mezclar bien.

2   Con los dedos, aflojar la piel del pollo, a partir del extremo de la pierna.

3   Introducir suavemente el relleno debajo la piel hasta la pierna. Disponer los trozos de pollo en una fuente térmica, pincelar con mantequilla derretida y hornear 35-40 minutos.

4   Para hacer la salsa, poner el extracto de jitomate y la salsa Worcestershire en una olla y cocinar a fuego lento 3-4 minutos. Servir la salsa con el pollo.

4 porciones

Si lo prefiere, puede usar sólo piernas en lugar de cuartos traseros.

Si usa pollo congelado, debe descongelarlo completamente antes de cocinarlo. Las aves se descongelan en el refrigerador 24-36 horas o en microondas en la función DESCONGELAR (30%) 10-15 minutos cada 500 g/1 lb de pollo. Enjuague la cavidad del pollo poniéndola bajo el chorro de agua fría de la canilla para asegurarse de que no queden cristales de hielo.

PASTELES DE POLLO CON ESPECIAS

Temperatura del horno
190°C, 375°F, Gas 5

MASA
3 tazas/375 g/12 oz de harina
90 g/3 oz de mantequilla en trocitos
90 g/3 oz de manteca de cerdo en trocitos
$^1/_3$ taza/90 ml/3 fl oz de agua fría
1 huevo, batido

RELLENO ESPECIADO DE POLLO
30 g/1 oz de mantequilla
60 g/2 oz de champiñones, picados
1 cebolla, picada
2 cucharaditas de garam masala
$^1/_4$ taza/30 g/1 oz de harina
$^3/_4$ taza/185 ml/6 fl oz de caldo de pollo
315 g/10 oz de pollo cocido, cortado en dados
60 g/2 oz de granos de maíz dulce
pimienta negra recién molida

1 Para hacer el relleno, derretir la mantequilla en una olla y sofreír los champiñones, la cebolla y el garam masala a fuego moderado 3-4 minutos o hasta que la cebolla esté tierna. Agregar la harina, revolver y cocinar 1 minuto más. Incorporar el caldo y llevar a hervor, revolviendo constantemente. Bajar la llama y cocinar a fuego lento, mientras se revuelve, 2 minutos. Retirar del fuego, unir con el pollo y el maíz dulce, sazonar a gusto con pimienta negra y dejar que se enfríe por completo.

Pasteles de pollo con especia

1 Para hacer la masa, poner la harina, la mantequilla y la manteca de cerdo/puerco en una procesadora y procesar hasta que la mezcla adquiera textura de migas de pan. Con la máquina en funcionamiento, agregar agua y procesar hasta forma un bollo firme. Poner el bollo sobre una superficie ligeramente enharinada y amasar hasta que resulte liso.

2 Tomar dos tercios de la masa y dividirla en cuatro porciones. Estirarlas y forrar moldes desmontables acanalados de 12,5 cm/5 in de diámetro; presionar la masa contra los costados, pero no recortar el borde superior. Separar el resto de la masa en cuatro porciones y estirarlas para formar las tapas de los pasteles.

3 Distribuir el relleno frío en los moldes. Humedecer los bordes de la masa y cubrir con la tapa. Con un cuchillo sin filo, presionar para sellar y recortar el exceso de masa. Unir los restos de masa, amasarlos, cortar hojas y usarlas para decorar la parte superior de los pasteles. Pincelar la superficie con huevo batido.

4 Disponer los pasteles en una placa y hornear 40-45 minutos o hasta que la masa esté dorada. Retirar del horno y dejar enfriar antes de desmoldar.

4 porciones

Estos pasteles son deliciosos para picnic. Sírvalos con chutney de fruta y ensalada verde crujiente.

"Deliciosos para picnic o para almorzar fuera del hogar, sin duda querrá tener una reserva de estos pasteles en su frigorífico".

Pavo perfectamente asado

Temperatura del horno
180°C, 350°F, Gas 4

4 kg/8 lb de pavo
60 g/2 oz de mantequilla,
derretida
1 taza/250 ml/8 fl oz de caldo de pollo

RELLENO DE TERNERA
30 g/1 oz de mantequilla
1 cebolla, finamente picada
1 lonja de beicon, finamente picada
250 g/8 oz de carne de ternera
magra molida
3 tazas/185 g/6 oz de pan duro molido
$^{1}/_{2}$ cucharadita de cáscara de limón,
finamente molida
$^{1}/_{2}$ cucharadita de perejil fresco,
finalmente picado
$^{1}/_{2}$ cucharadita de salvia seca
una pizca de nuez moscada molida

1 huevo, ligeramente batido
pimienta negra recién molida

RELLENO DE CASTAÑAS
440 g/14 oz de puré de castañas en lata,
tamizado
2 manzanas verdes, sin corazón,
peladas y ralladas
3 tazas/185g/6 oz de pan duro molido
1 cebolla, finamente picada
1 tallo de apio, finamente picado
4 cucharadas de nueces, finamente
picadas
1 cucharada de perejil fresco, finamente picado
45 g/1 $^{1}/_{2}$ oz de mantequilla, derretida
1 huevo, ligeramente batido
una pizca de nuez moscada molida
pimienta negra recién molida

Pavo perfectamente asado

1   Para hacer el relleno de carne, derretir la mantequilla en una satén y sofreír la cebolla y el beicon 4-5 minutos o hasta que el beicon esté crocante. Agregar la carne molida, el pan molido, la cáscara de limón, el perejil, la salvia, la nuez moscada, el huevo y pimienta negra a gusto. Mezclar bien.

2   Para hacer el relleno de castañas, poner el puré de castañas, las manzanas, el pan molido, la cebolla, el apio, las nueces, el perejil, la mantequilla, el huevo, la nuez moscada y pimienta negra a gusto en un tazón e integrar.

3   Quitar los menudos y el cogote del pavo. Limpiar y secar el ave por dentro y por fuera. Poner el relleno de castañas en la cavidad y llenar ligeramente el extremo del cogote con el relleno de ternera. Cerrar las aberturas con pinchos de metal o de bambú. Acomodar las alas debajo del cuerpo y atar las piernas juntas.

4   Poner el pavo en una rejilla de horno apoyada sobre una asadera. Pincelar con mantequilla y luego verter caldo de pollo en la asadera. Hornear 3-3 ½ horas o hasta que esté tierno. Bañar a menudo con el jugo de cocción. Después de sacarlo del horno, dejar reposar 20 minutos en un lugar cálido antes de trinchar.

10 porciones

Es más seguro descongelar un pavo congelado dentro del refrigerador durante 36-48 horas. El tiempo de descongelación dependerá del tamaño del ave. Una vez que se haya descongelado, lave el pavo, enjuague la cavidad y seque con papel absorbente. Asegúrese de que no queden cristales de hielo en la cavidad.

"Los cocineros han creado numerosos y exquisitos platillos de pavo para las ocasiones especiales, con rellenos y acompañamientos deliciosos. Pruebe este pavo asado para la cena de Navidad o de Acción de Gracias".

CÓMO TRINCHAR EL PAVO

Un cuchillo muy afilado, de punta aguda, con hoja larga y flexible
es lo mejor para trinchar el pavo. Antes de empezar
a trinchar, retire el hilo y los pinchos del ave y póngala con la pechuga
hacia arriba en una tabla o bandeja. Use un tenedor grande
de trinchar para sostenerla con firmeza.

1   Para sacar la primera pierna: Cortar la piel entre el muslo y la pechuga del ave. Separar la pierna del cuerpo doblando el muslo hacia afuera, para ubicar la articulación de la cadera. Cortar hacia abajo a través de la articulación y sacar la pierna.

2   Para separar el muslo de la pierna: Poner el cuchillo en ángulo entre los huesos del muslo y la pierna y cortar con firmeza a través de la articulación.

3   Para cortar tajadas de la pierna: Cortar una tajada gruesa de carne y piel de cada lado de la pierna, manteniendo el cuchillo cerca del hueso, después cortar las tajadas gruesas en otras más finas.

4   Para cortar tajadas del muslo: Sosteniendo el muslo con firmeza, cortarlo en cuatro partes o más, según el tamaño. Repetir los pasos 1 a 4 con la otra pierna del pavo.

5   Para separar el ala: Hacer un corte desde la esquina de la pechuga hasta el ala. Empujar el ala hacia afuera, para que la articulación quede expuesta, y cortar a través de ésta. Separar el ala con el trozo de pechuga adherido.

6   Para trinchar la pechuga: Sosteniendo la pechuga con firmeza, hundir el cuchillo en la carne y cortar. Cuando el cuchillo llegue a la incisión ubicada sobre la articulación del ala, la tajada se soltará.

TIEMPOS DE COCCIÓN PARA EL PAVO RELLENO

Cocinar el pavo a 180°C/350°F/Gas 4. Si se cocina en horno más caliente, la parte exterior del ave se dora y se cocina antes que el centro.

Peso	Tiempo
2,5-3 kg/5-6 lb	2 $\frac{1}{2}$ - 3 horas
3-4 kg/6-8 lb	3-3 $\frac{1}{2}$ horas
4-6 kg/8-12 lb	3 $\frac{1}{2}$ - 4 horas

Caldo de pollo

2 clavos de olor enteros
2 cebollas, cortadas por la mitad a lo ancho
1 carcasa de pollo, sin piel ni grasa visible
12 tazas/3 litros/5 pt de agua fría
2 zanahorias, picadas gruesas
4 tallos de apio, picados gruesos
hierbas frescas a gusto
$^{1}/_{2}$ cucharadita de granos de pimienta negra

1 Insertar los clavos de olor en las mitades de cebolla.

2 Poner la carcasa de pollo, el agua, las zanahorias, el apio, las hierbas, los granos de pimienta negra y las cebollas con los clavos de olor en una olla grande. Llevar a hervor, bajar el fuego y cocinar a fuego lento, revolviendo de vez en cuando, 2 horas.

3 Colar el caldo y refrigerarlo durante toda la noche. Quitar la grasa de la superficie del caldo y usarlo para lo que sea necesario.

Rinde 8 tazas/2 litros/3$^{1}/_{2}$ pt

El horno a microondas es especialmente conveniente para preparar pequeñas cantidades de caldo. Ponga la carcasa que queda después de asar el pollo o una carcasa cruda, 1 cebolla picada, 1 zanahoria picada, 2 tallos de apio picados, perejil y tomillo en un recipiente grande apto para microondas. Agregue agua hasta cubrir los ingredientes. Cocine, sin tapar, en MÁXIMO (100 %) 45 minutos. Cuele el caldo y refrigérelo durante toda la noche. Quite la grasa de la superficie y úselo para lo que le haga falta.

El caldo de pollo es la base de muchos platillos clásicos. Se conserva 3-4 días en el refrigerador o 12 meses en el frigorífico. Congele el caldo en porciones de $^{1}/_{2}$ taza/125 ml/4 fl oz o 1 taza/250 ml/8 fl oz para después poder usarlo con facilidad.

GOULASH DE POLLO CON CORTEZA

2 cucharadas de aceite
2 cebollas grandes picadas
1 $\frac{1}{2}$ cucharada de páprika
2 cucharadas de harina sazonada
500 g/1 lb de pechugas de pollo deshuesadas,
cortadas en tiras
1 cucharada de extracto de jitomate
$\frac{1}{2}$ taza/125 ml/4 fl oz de vino tinto
$\frac{1}{2}$ taza/125 ml/4 fl oz de caldo de pollo
2 cucharadas de yogur natural

CORTEZA DE CREMA AGRIA
125 g/4 oz de mantequilla, ablandada
300 g/9 $\frac{1}{2}$ oz de crema agria
1 huevo
1 taza/125 g/4 oz de harina leudante, cernida
1 cucharada de perejil fresco, picado

Goulash de pollo con corteza

1   Calentar una cucharada de aceite
en una sartén grande y sofreír las cebollas
a fuego moderado, revolviendo, 5-6 minutos
o hasta que estén doradas. Retirarlas
de la sartén y reservarlas. Mezclar la páprika
con la harina en una bolsa de plástico apta
para alimentos, agregar el pollo, sacudir para
empolvarlo bien y descartar el exceso
de harina.

2   Calentar el resto del aceite en la sartén
y dorar el pollo a fuego mediano, removiendo,
2-3 minutos. Poner nuevamente las cebollas
en la sartén y agregar, revolviendo, el extracto
de jitomate, el vino y el caldo. Llevar a hervor,
revolviendo constantemente, luego bajar
la llama, tapar y cocinar a fuego lento
6-7 minutos. Retirar del fuego, unir con el
yogur y dejar enfriar.

3   Para hacer la corteza, poner la mantequilla,
la crema agria y el huevo en un tazón.
Incorporar la harina y el perejil y mezclar bien.

4   Disponer la mezcla de la corteza
en una fuente honda de vidrio térmico
o de cerámica con una capacidad de
8 tazas/2 litros/3 ½ pt, ligeramente aceitada,
y distribuirla para que cubra la base
y los costados de la fuente.

5   Colocar el relleno sobre la mezcla, tapar
la fuente y hornear 35 minutos. Sacar la tapa
y hornear 10 minutos más

4 porciones

Sirva este delicioso pollo
con ensalada verde o con
vegetales verdes cocidos
por hervido, al vapor o en
microondas (calabacitas,
ejotes, comelotodos o
espárragos).

"Un goulash de pollo rodeado por una sustanciosa corteza de crema agria
es lo más indicado para una ocasión especial".

PATÉ DE HÍGADO DE POLLO

60 g/2 oz de mantequilla
1 cebolla, finamente picada
1 diente de ajo, machacado
250 g/8 oz de hígados de pollo, picados
1-2 cucharaditas de curry en polvo
$^1\!/_2$ taza/125ml/4 fl oz de caldo de pollo
2 huevos duros, cortados en rodajas
pimienta negra recién molida
pimienta de Cayena
hojas de laurel frescas
rodajas de limón

1   Derretir 30 g/1 oz de mantequilla en una sartén y sofreír la cebolla, el ajo y los hígados de pollo a fuego moderado, removiendo, 5 minutos. Agregar el curry en polvo y cocinar 1 minuto más. Incorporar el caldo y cocinar, revolviendo, 5 minutos. Retirar del fuego y dejar que se enfríe 10 minutos.

2   Echar la preparación de hígados de pollo y los huevos en una procesadora o licuadora y procesar hasta obtener un puré suave.

3   Sazonar a gusto con pimienta negra y de Cayena. Colocar el paté en una terrina y emparejar la superficie. Derretir el resto de la mantequilla y verterla sobre el paté. Decorar con las hojas de laurel y las rodajas de limón. Servir con tostaditas o pan crocante.

CÓMO COCINAR AVES EN MICROONDAS

Como las aves tienen poca cantidad de grasa, no se doran naturalmente cuando se las cocina en microondas; por eso hay que usar ingredientes que les concedan color y sabor.

Si sigue estos consejos, las aves que cocine en microondas quedarán perfectas:

🐾 Antes de cocinar, acomode las alas debajo del cuerpo del ave y ate las piernas juntas con una banda elástica o un hilo. (Las bandas elásticas no se derriten en el microondas.)

🐾 Empiece a cocinar el ave con la pechuga hacia abajo y dela vuelta a mitad de la cocción.

🐾 Si quiere que tenga el aspecto y el sabor de las aves cocidas en el grill, no la tape, para evitar que se cocine al vapor. Cocinar el ave en una fuente tapada es ideal si quiere usar la carne para sopa o ensalada de pollo.

🐾 Un ave rellena tardará un poco más en cocinarse. Sume 2 minutos al tiempo total de cocción.

🐾 Cocine las aves apoyadas sobre una bandeja doradora elevada.

🐾 Cuando cocine aves grandes, como el pavo, es conveniente proteger las alas y las piernas con papel de aluminio durante la cocción.

🐾 Al terminar la cocción, cubra el ave con papel de aluminio y déjela reposar 10-15 minutos.

🐾 Para quienes utilicen el sistema métrico decimal, una forma fácil de calcular el tiempo de cocción de un pollo es pesarlo, quitar la coma decimal y cocinarlo durante esa cantidad de minutos de cada lado. Por ejemplo, habrá que cocinar un pollo de 1,5 kg 15 minutos de cada lado; el tiempo total será de 30 minutos. Puede usar una fórmula similar para cocinar otras aves, pero recuerde cocinar el pavo los primeros 10 minutos en MÁXIMO (100%) y bajar luego el nivel de energía a MEDIANO-MÁXIMO (70%).

El pollo se cocina rápidamente en microondas y queda húmedo y tierno

CUADRO DE COCCIÓN EN MICROONDAS

AVE	NIVEL DE ENERGÍA	TIEMPO DE COCCIÓN cada 500g/1 lb
Pollo entero	MÁXIMO (100%)	10 minutos
Presas de pollo	MÁXIMO (100%)	10 minutos
Pavo	MÁXIMO (100%) MEDIANO-MÁXIMO (70%)	10 minutos luego 10 minutos
Codorniz	MÁXIMO (100%)	8 minutos
Pato	MÁXIMO (100%)	10 minutos
Ganso	MEDIANO-MÁXIMO (70%)	12 minutos

POLLO

¿Qué distingue al pollito del pollo? Siga leyendo y averiguará tanto las diferencias entre los diversos tipos de aves como en qué debe fijarse cuando las compre. Como parte de la dieta cotidiana, el pollo es un alimento delicioso y sano. La mayor parte de su grasa está bajo la piel, por lo cual es fácil sacarla para preparar comidas bajas calorías.

Se trate de una simple comida familiar como de una cena formal, el pollo siempre ocupa un sitio. En los últimos años se consigue con mayor facilidad y a menor precio, por lo que puede incluirse habitualmente como parte de su dieta.

COMPRA: El pollo entero se consigue fresco o congelado, en una variedad de tamaños. Cuando compre pollo fresco, preste atención a lo siguiente: el ave debe tener olor fresco, la piel lisa sin manchas oscuras, la pechuga debe ser carnosa, la punta del esternón blanda y flexible y debe tener poca humedad en la piel.

El pollo también se vende en presas, de las cuales la pechuga es la más tierna y magra. La pechuga a menudo se vende deshuesada y es adecuada para escalfar, hornear, cocinar en el grill o a la cacerola. La carne oscura de los muslos y piernas tiene más grasa. La porción que incluye el muslo y la pierna se llama cuarto trasero y se prepara empanado y al horno. Las alas de las aves pequeñas y de tamaño promedio tienen poca carne, pero se pueden comer cómodamente con la mano cuando se las prepara marinadas y asadas en el grill, el horno o la barbacoa. A menudo se las usa en sopas.

POLLITO: Un pollito es un pollo muy pequeño, de unas seis semanas, que pesa 500 g-1 kg/1-2 lb. Por lo general se sirve un pollito por porción. Por ser muy tierno y de delicado sabor es ideal para prepararlo al horno, en el grill, a la cacerola o en la barbacoa.

POLLO DE PRIMAVERA: De más edad y más grande que el pollito, el pollo de primavera tiene unas 8 semanas y pesa alrededor de 1 kg/2 lb. Un pollo rinde dos porciones.

GALLINA: Es una gallina de más edad (a menudo de 18 meses o más) que ha dejado de poner huevos. Su carne es dura y hay que cocinarla en un medio líquido. La mejor forma de cocinar la gallina es hervirla o guisarla. El tiempo de cocción es de unas 3 horas y los vegetales se agregan hacia el final de la cocción.

PAVO: Hay pavos de muy diversas clases. Las aves enteras varían mucho de tamaño, desde unos 2,5 kg/5 lb hasta 13,5 kg/30 lb. También se consiguen otros cortes, como las pechugas con o sin hueso y los arrollados de pechuga, que tienen la ventaja de ser más fáciles de trinchar. Los cuartos traseros son una alternativa sabrosa y económica. El pavo es una comida nutritiva y con poca grasa; en rigor tiene la mitad de la grasa y un tercio del colesterol que el pollo doméstico.

PATO: El pato tiene igual contenido de nutrientes que el pollo, pero el doble de grasa. Para quitarle parte de la grasa durante la cocción, a menudo se cocina en una rejilla apoyada sobre una asadera.

El pato de granja se consigue tanto fresco como congelado y debe tener la piel de color blanco crema y la pechuga carnosa. El pato es un ave de 2-3 meses, que pesa 2-3 kg/4-6 lb, mientras que el patito es más pequeño y más joven: tiene 6-8 semanas y pesa 1,5 kg/3-4 lb. El pato salvaje varía mucho en tamaño, edad y gusto y hay que cocinarlo en un medio líquido para obtener buenos resultados.

CODORNIZ: Hoy en día, la codorniz se consigue con facilidad y es un alimento gourmet muy popular. Tiene una carne delicada y hay que tomar precauciones durante la cocción para impedir que se seque. El ave promedio pesa 155 g/5 oz y es deliciosa asada, braseada, a la cacerola o en pasteles y patés.

ALMACENAMIENTO: Las mismas reglas básicas se aplican a todas las aves de corral y de presa.

Sacar el ave fresca de su envoltorio y ponerla en un plato, que debe taparse de forma tal que el aire pueda circular a su alrededor.

Si prepara el ave con antelación, no la rellene hasta el momento de cocinarla. Sin embargo, el relleno y el ave pueden prepararse de antemano y guardarse por separado.

Para evitar que un ave congelada se contamine con salmonella, es importante descongelarla totalmente antes de cocinarla. Para ello, deje el ave en su envoltorio original y póngala en el refrigerador 24 horas o más, según su tamaño. También se puede descongelar en microondas usando la función DESCONGELAR (30%) durante 10 minutos por cada 500 g/1 lb de peso.

INFORMACIONES ÚTILES

CONVERSOR RÁPIDO

Métrico	Imperial
5 mm	$1/4$ in
1 cm	$1/2$ in
2 cm	$3/4$ in
2,5 cm	1 in
5 cm	2 in
10 cm	4 in
15 cm	6 in
20 cm	8 in
23 cm	9 in
25 cm	10 in
30 cm	12 in

MEDIDAS DE LÍQUIDOS

Métrico	Imperial	Tazas
30 ml	1 fl oz	
60 ml	2 fl oz	$1/4$ taza
90 ml	3 fl oz	
125 ml	4 fl oz	$1/2$ taza
155 ml	5 fl oz	
170 ml	5 $1/2$ fl oz	$2/3$ taza
185 ml	6 fl oz	
220 ml	7 fl oz	
250 ml	8 fl oz	1 taza
500 ml	16 fl oz	2 tazas
600 ml	20 fl oz (1 pt)	
750 ml	1 $1/4$ pt	
1 litro	1 $3/4$ pt	4 tazas
1,2 litros	1 pt	

TAZAS Y CDAS. (SISTEMA MÉTRICO)

Métrico	Tazas	Imperial
60 ml	$1/4$ taza	2 fl oz
80 ml	$1/3$ taza	2 $1/2$ fl oz
125 ml	$1/2$ taza	4 fl oz
250 ml	1 taza	8 fl oz
Cucharadas		
1,25 ml	$1/4$ cucharadita	
2,5 ml	$1/2$ cucharadita	
5 ml	1 cucharadita	
20 ml	1 cucharada	

MEDIDAS DE INGREDIENTES SECOS

Métrico	Imperial
15 g	$1/2$ oz
30 g	1 oz
60 g	2 oz
90 g	3 oz
125 g	4 oz
155 g	5 oz
185 g	6 oz
220 g	7 oz
250 g	8 oz
280 g	9 oz
315 g	10 oz
375 g	12 oz
410 g	13 oz
440 g	14 oz
470 g	15 oz
500 g	16 oz (1 lb)
750 g	1 lb 8 oz
1 kg	2 lb
1,5 kg	3 lb

TEMPERATURAS DEL HORNO

ºC	ºF	Marca de Gas
120	250	$1/2$
140	275	1
150	300	2
160	325	3
180	350	4
190	375	5
200	400	6
220	425	7
240	475	8
250	500	9

En este libro, los ingredientes tales como pescado y carne se indican en gramos, para que sepa cuánto comprar. Es cómodo tener:
🥄 Una balanza de cocina pequeña y barata.
🥄 Otros ingredientes de nuestras recetas se indican en cucharadas y tazas, de manera que le harán falta: Un conjunto de tazas medidoras (1 taza, $1/2$ taza, $1/3$ taza y $1/4$ taza)
🥄 Un conjunto de cucharas medidoras (1 cuchara, 1 cucharita, $1/2$ cucharita y $1/4$ cucharita)
🥄 Una jarra transparente graduada (de 1 litro o 250 ml) para medir líquidos.
🥄 Las medidas en tazas

ÍNDICE

Publicado por:
TRIDENT PRESS INTERNATIONAL
801 12th Avenue South, Suite 400
Naples, Fl 34102 USA
Tel.: +1 239 649 7077
Fax: + 1 239 649 5832
Email: tridentpress@worldnet.att.net
Sitio web: www.trident-international.com

Cocina rápida y fácil, Pollo

TRADUCCIÓN AL ESPAÑOL
Coordinación general:
Isabel Toyos y Silvia Portorrico

Traducción:
Cristina Piña

Adaptación de diseño:
Mikonos, Comunicación Gráfica

Corrección y estilo:
Aurora Giribaldi y Marisa Corgatelli

Incluye índice
ISBN 1 58279 426 X
EAN 9 781582 794266

Edición impresa en 2002

Impreso en USA